Boa constrictor

Stefan Binder

89 Fotos
2 Grafiken
1 Tabelle
11 Verbreitungskarten

Terrarien  Bibliothek

Natur und Tier - Verlag

Bildnachweis Umschlag
Titelbild: Abgottschlange (*Boa constrictor*)
Hintergrund: Schuppen der Kaiserboa (*Boa constrictor imperator*)
Fotos: S. Binder

1. Auflage 2002
2. Auflage 2005

ISBN 3-931587-57-6

© Natur und Tier - Verlag GmbH
An der Kleimannbrücke 39/41, 48157 Münster
Tel.: 0251-13339-0, Fax: 0251-13339-33
www.ms-verlag.de

Geschäftsführung: Matthias Schmidt
Lektorat: Heiko Werning und Kriton Kunz
Layout: Angela Neuhäuser
Druck: Alföldi, Debrecen

Inhaltsverzeichnis

Vorwort

Die Entwicklung der Abgottschlangen-Haltung in Deutschland ging in den letzten Jahren sehr rasant vonstatten: Innerhalb recht kurzer Zeit stieg die Zahl der Halter von *Boa constrictor* enorm an, so dass man diese Riesenschlange wohl mit Fug und Recht zu der bei deutschen Terrarianern beliebtesten Boiden-Art krönen könnte. Und das ist sie nicht ohne Grund: Trotz ihrer doch stattlichen Endgröße ist die Abgottschlange durchaus für die Haltung im geräumigen Terrarium geeignet; ihr meist ruhiges Wesen macht sie zu einem Pflegling, der auch dem engagierten Anfänger in der Schlangenhaltung empfohlen werden kann.

In weiten Teilen der Bevölkerung hingegen herrschen andere Ansichten über diese Riesenschlange: *Boa constrictor* gilt als das Sinnbild für eine „riesige, bösartige Schlange". Erstaunlich ist dabei, dass der wissenschaftliche Name weitaus bekannter ist als die vielen deutschen Trivialnamen. Trotz nun schon jahrzehntelanger Haltung in Menschenhand sind die Vorurteile gegenüber diesen an sich friedlichen Tieren also nicht weniger geworden. *Boa constrictor* ist noch weit weg vom Status eines „Heimtieres" – vielleicht sogar zu Recht, denn von ihrer natürlichen Eleganz und ihrem Verhalten hat die Boa durch die Haltung in Menschenhand kaum etwas verloren.

Dieses Buch soll dem interessierten Leser die *Boa constrictor* und ihr Leben in der Natur sowie vor allem im Terrarium näher bringen und Tipps zur erfolgreichen Haltung geben. Dabei legte ich besonders großen Wert auf die ausführliche Darstellung der „Basics", also der Grundsätze der Boa-Haltung. Um Umfang und Preis dieses Buches in Grenzen zu halten, konnten speziellere

Aspekte wie Biologie, Systematik und Krankheiten nur angeschnitten werden; eine ausführlichere Darstellung soll folgen (BINDER & LAMP in Vorb.) und wird sich erschöpfend mit allen Themen rund um diese Boa beschäftigen. Wenn Ihr Interesse also durch dieses Buch geweckt wurde, können Sie dort tiefer in die Materie einsteigen.

Die genannte Themenauswahl mit dem Schwerpunkt auf der Haltung der faszinierenden Tiere zeigt schon, dass sich das vorliegende Werk vor allem an den interessierten Anfänger in der Boiden-Haltung richtet. Praxisnah werden erfolgreiche Haltungsformen beschrieben, so dass Risiken und Fehler bei der Terrarienhaltung dieses artgeschützten Reptils vermieden werden können. Einige aktuelle Ergebnisse aus der Forschung und neue Ansätze in der Haltung von Boas dürften aber auch für fortgeschrittene Halter interessant sein.

Wie bereits erwähnt, ist es erstaunlich, welch große Anzahl an Namen für die *Boa constrictor* im deutschen Sprachgebrauch geprägt wurde. Häufig waren Handelsnamen Schuld daran, dass eine weitere (oft irreführende) Bezeichnung hinzukam. Am gebräuchlichsten sind – neben dem wissenschaftlichen Namen – wohl die Bezeichnungen Abgottschlange oder einfach Boa, die auch in diesem Buch benutzt werden.

Ich hoffe, mit diesem Buch die „Faszination *Boa constrictor*" weiterzugeben!

München, im Frühjahr 2002

Stefan Binder

Biologie

Boas werden häufig als „lebende Fossilien" dargestellt. Diese wissenschaftliche Einstufung als evolutionsbiologisch „ursprüngliche" Schlangen wird durch allerlei interessante Besonderheiten im Körperbau unterstützt. So haben Abgottschlangen beispielsweise noch Reste (Rudimente) eines Beckengürtels und der Hinterbeine vorzuweisen. Diese Überbleibsel, die bei „moderneren" Schlangengattungen – z. B. sämtlichen Nattern – nicht auftreten, kann man bei Boas sogar äußerlich ausmachen: Die so genannten Aftersporne im Beckenbereich sind die stummeligen Rudimente der Hinterbeine. Diese mit einer Art Kralle besetzten Strukturen sind vor allem bei männlichen Boas stark ausgeprägt und haben im Lauf der Jahrmillio-

nen einen Funktionswechsel durchgemacht: Nicht mehr zur Fortbewegung, sondern zur Stimulation der Weibchen vor der Paarung werden die Aftersporne der heutigen Boas eingesetzt. Ein weiteres Anzeichen für die Urtümlichkeit von *Boa constrictor* sieht der Betrachter nicht von außen; bei der Sektion aber stößt man auf eine sehr eigentümlich gebaute Lunge: diese ist nämlich asymmetrisch gebaut. Während die Lunge der meisten Echsen und anderer Wirbeltiere aus zwei gleich großen Flügeln besteht, besitzen Boas eine große rechte Lungenhälfte und eine nur wenig kleinere linke – eine erste Anpassung an die lang gestreckte Körperform. Diese Reduktion ist bei den moderneren Schlangen „vollendet", denn beispielsweise

Abgottschlangen gelten als „ursprüngliche" Tiere. Foto: S. Binder

Porträt einer *Boa constrictor*

Foto: S. Binder

bei Nattern und Grubenottern ist nur noch der rechte Lungenflügel voll funktionstüchtig.

Dagegen weist *Boa constrictor* auch einige Anzeichen für eine hohe Entwicklung auf. Die augenscheinlichste progressive Entwicklung ist die Ovoviviparie. Boas legen also keine Eier, sondern bekommen lebende Junge, die in ihren Eihüllen bis zur Geburt im Körper der Mutter bleiben. Boa-Weibchen geben ihren Jungen somit einen sichereren Start ins Leben, als dies beispielsweise bei eierlegenden Pythons der Fall ist.

Beschreibung

Angesichts ihres riesigen Verbreitungsgebiets verwundert es nicht, dass es sehr unterschiedlich gefärbte und gezeichnete Boas gibt. Manchmal hat der unbedarfte Betrachter sogar Zweifel, ob es sich tatsächlich bei all diesen so verschieden aussehenden Tieren um dieselbe Art handelt, und selbst im Kreis der Herpetologen führte diese große Diversität schon zu heftigen Diskussionen (s. „Systematik"). Vergleicht man jedoch den Körperbau der Tiere, ohne auf Färbung und Zeichnung zu achten, so gleichen sich die verschiedenen Formen von *Boa constrictor* doch sehr. So ist der Kopf recht flach gebaut und setzt sich deutlich vom restlichen Körper ab. Die Augen liegen seitlich (lateral). Die Mundöffnung reicht bis weit in den hinteren Kopfbereich und weist am vorderen Ende eine kleine Kerbe auf, durch die die Zunge geschoben werden kann, ohne das Maul öffnen zu müssen. Ein typisches Merkmal dieser Art ist, dass sich die Nasenschuppen (Nasalia) auf der Kopfoberseite nicht berühren. Der Kopf ist wie auch der restliche Körper von vergleichsweise eher kleinen Schuppen bedeckt, die zur Körperunterseite hin immer größer werden.

Der Bauch ist von hintereinander aufgereihten, breiten Schuppen (Schienen) bedeckt, die der Schlange das Klettern unter Ausnutzung kleinster Unebenheiten sehr erleichtern. Das ist nur mög-

Schuppenstruktur einer *Boa constrictor*   Foto: S. Binder

Die Körperzeichnung dient in freier Natur vor allem der Tarnung.
      Foto: S. Binder

lich, weil die Schuppen über Muskeln mit den Rippen der Schlange in Verbindung stehen. Etwa 200–300 Rippenpaare kann eine Abgottschlange besitzen, wobei nur etwa zwei Drittel der Wirbelkörper tatsächlich Rippen tragen.

Weitaus augenscheinlicher ist jedoch natürlich die interessante Färbung der Tiere. Die Grundfärbung kann von Aschgrau über Rötlichbraun bis fast Schwarz reichen, wobei eine mehr oder minder gleichmäßige Aneinanderreihung von dunkleren Sattelflecken typisch ist. Diese Sattelflecken sind meist dunkelbraun gefärbt und bilden in ihren Zwischenräumen auf dem Rücken der Boa ovale bis runde Bereiche, in denen die Grundfärbung der Tiere zu sehen ist. In diese Zwischenbereiche können bei einigen Unterarten auf der Rückenmitte von den Sattelflecken aus so genannte „Witwenspitzen" hereinragen. An den Flanken zeigen die meisten Boas dunkle rautenförmige Flecken mit hellen Innenzonen. Die Sattelflecken stehen schwanzwärts immer enger, so dass die Boa zum Körperende hin zunehmend dunkler erscheint. Auf dem Schwanz können bei einigen Tieren besonders starke Rotfärbungen auftreten („Rotschwanzboas").

Typisch für *Boa constrictor* (aber nicht nur für diese Art) ist ein dunkler Streifen an der Seite des Kopfes, der zwischen der Nasenöffnung und dem Auge beginnt und bis zum Halsansatz zieht. Einige Unterarten zeigen zudem so genannte „Augenbrauen", also kleine, dunkel gefärbte Flecken über den Augen. Schneiden sich auf dem Kopf zwei dunkle Streifen, von denen einer von der Schnauze mittig in Richtung Nacken und der andere meist von Auge zu Auge verläuft, so spricht man von einem „Imperatorkreuz". Die Kopfunterseite und der Bauch von *Boa con-*

strictor sind meist cremeweiß oder weiß mit oder ohne dunkle Sprenkel, einige Tiere haben auch dunkel gefärbte Bäuche.

Abgesehen von diesen Grundmerkmalen ist die Vielfalt der Färbungen und Zeichnungen bei Boas sehr groß, wie bereits mehrfach angedeutet. Zu dem ohnehin schon großen Variantenreichtum zwischen den Unterarten und Lokalformen kommen noch durch vom Menschen gezüchtete Formen. So wurden beispielsweise durch Selektionszucht auch schon fast völlig rote Tiere erzielt (s. „Farb- und Zeichnungsvarianten"). In Würfen so genannter „Mixed Boas", also Mischlingen aus mehreren Unterarten und Lokalformen, können zudem Farb- und Zeichnungskombinationen entstehen, die in der Natur wohl nicht vorkommen. Es sollte also für jeden Boa-Halter etwas optisch Ansprechendes „dabei sein"...

Die verschiedenen natürlichen Zeichnungen sind als Anpassung der Tiere an ihren Lebensraum zu sehen. Durch ihre Musterung sind die Tiere im entsprechenden Habitat besonders gut getarnt (Somatolyse). Daher sind auch Jungboas deutlich kontrastreicher gefärbt, denn sie leben eher im von Licht- und Schattenflecken geprägten Blättergewirr der Sträucher und Bäume, wo dieses Äußere eine bessere Tarnung darstellt. Bei den äquatorfernen Unterarten zeigt sich meist eine absorptionsfreundliche, sehr dunkle Färbung, da diese Tiere stärker auf die Energiequelle Sonnenlicht angewiesen sind als die Boas der dauerwarmen Regionen (BINDER & LAMP in Vorb.).

Größe und Alter

Boas werden mit 25–58 cm Körperlänge und etwa 30–80 g Gewicht geboren. Diese niedlichen Schlangen wachsen aber recht rasch – das sei jedem interessierten Terrarianer bewusst! Trotzdem sind natürlich die Horrorgeschichten von 8 m langen Boas, die einen Menschen gefressen hätten, völliger Humbug. Selbst 4 m lange Boas sind äußerst selten, auch im Terrarium. Etwa 5,60 m (vgl. MEHRTENS 1987) werden häufig in der Literatur als Rekordlänge angegeben. Allerdings besteht (vor allem in den USA) großer Zweifel daran, ob es sich bei diesem Tier tatsächlich um eine *Boa constrictor* handelte, und nicht um eine Anakonda. Boas mit einer Körperlänge von über 4 m sollen bis zu 40 kg auf die Waage bringen. Allerdings erreichen nicht alle Abgottschlangen derartige Maße, denn die „Endgröße" hängt unter anderem von der Unterart ab. Während *Boa c. constrictor* als besonders wachstumsfreudig gilt, gibt es einige Lokalformen von *Boa c. imperator,* die auch im hohen Alter oft unter 2 m bleiben, so zum Beispiel Tiere mit Herkunft Ecuador, Nicaragua, Costa Rica, Mexiko und die Inselformen von Corn Island und den Hog Islands. Übrigens wachsen Boas wie alle Schlangen ihr Leben lang, wenn auch im Alter recht langsam.

Boas, gleich welcher Größe, können recht alt werden. Eine Lebensspanne von über 20 Jahren ist nicht selten. Der Altersrekord liegt bei genau 40 Jahren, drei Monaten und 14 Tagen (DE VOSJOLI 1998) und wurde von einer Boa im Zoo Philadelphia, USA, erreicht.

Sinnesorgane

Die Sinnesorgane des Kopfes haben bei Schlangen eine völlig andere Gewichtung als beispielsweise beim Menschen: So spielen die Augen eine eher untergeordnete Rolle. Es wird in diesem Zusammenhang von erblindeten Abgottschlangen berichtet, die trotzdem ohne weiteres im Terrarium Beute machen konnten (BOSCH 1994). Derzeit geht man davon aus, dass Boas mit Hilfe ihrer Augen lediglich Umrisse und Bewegungen wahrnehmen.

Viel wichtiger in der Sinneswelt der Boa ist beispielsweise der „Wärmesinn" (vgl. BOSCH 1994). Zwischen Auge und Nasenöffnung liegen auf beiden Seiten des Kopfes unter der Haut thermosensible (Wärme wahrnehmende) Zellen, mit denen sich die Boa ein klares Wärmebild ihrer Umgebung machen kann. Mit Hilfe dieser Sinneszellen sind Boas imstande, geringste Wärmeunterschiede zu „sehen", also beispielsweise eine Beute vor dem „Hintergrund" einer geringeren Umgebungstemperatur auszumachen.

Ebenfalls für den Beutefang wichtig ist der olfaktorische Sinn, wobei Boas schlangentypisch mit Hilfe der Zunge riechen. Beim Züngeln „sam-

Kopf von *Boa constrictor* mit (1) Augen, (2) Nasenöffnungen, (3) Zunge, (4) „Wärmesinn", (5) Unterkiefer („Erschütterungssinn")
Foto: S. Binder

meln" Abgottschlangen mit der gespaltenen Zunge nämlich Geruchspartikel aus der Luft und führen sie zum Jacobsonschen Organ im Gaumendach. In dieser Grube werden die gesammelten Geruchspartikel detektiert und geben der Boa die nötigen Informationen, wo sich beispielsweise ein Beutetier aufhält. Männchen spüren über Pheromone (Signalduftstoffe) auch paarungsbereite Weibchen auf. Mit dem olfaktorischen Sinn können Boas selbst einzelne Moleküle unterscheiden. Boas besitzen wie alle Schlangen kein äußeres und ein äußerst stark reduziertes inneres Ohr. Trotzdem besitzen Abgottschlangen einen Fernsinn, um beispielsweise die Bewegungen von größeren Tieren zu verfolgen. Allerdings „hören" sie Erschütterungswellen im Boden, nicht aber Schallwellen in der Luft. Die Erschütterungen werden mit dem Unterkiefer aufgenommen und von dort über den etwas veränderten Steigbügel (ein Gehörknöchelchen) und Nervenbahnen modifiziert an das Gehirn weitergeleitet.

Boas „hören" Erschütterungswellen mit Hilfe des Unterkiefers.
Foto: S. Binder

Lebensweise und Verhalten

Die Lebensweise von *Boa constrictor* in ihrem natürlichen Vorkommensgebiet ist sehr interessant und komplex. An dieser Stelle habe ich mich auf die Darstellung einiger weniger Verhaltensweisen beschränkt, deren Kenntnis auch für den Halter wichtig sein kann, um seine Tiere besser zu verstehen und ggf. die Haltung zu optimieren.

Aktivität

Die meisten Boas sind während des gesamten Jahres aktiv. Ausnahmen bilden lediglich die Unterarten bzw. Lokalformen am südlichen und nördlichen Rand des Verbreitungsgebiets, die für einige Wochen eine Winter- oder Trockenruhe einlegen können. Während der aktiven Zeit sind Boas in aller Regel Dämmerungs- und Nachttiere. Den Tag verbringen sie in ihren Höhlen oder Unterschlüpfen, manchmal verlassen sie das Versteck auch für ein kurzes Sonnenbad. Erst nach Sonnenuntergang aber gehen Abgottschlangen auf „Nahrungssuche", wobei sie sich eher an einen vielversprechenden Platz begeben und warten, als über längere Zeit aktiv zu suchen (vgl. Montgomery & Rand 1978) – aus diesem Grund werden Abgottschlangen auch als „Lauerjäger" bezeichnet. Hat die Boa gefressen, geht sie – je nach Größe des aufgenommenen Futtertieres – meist erst nach drei bis vier Tagen wieder auf die Pirsch. Hungrige Boas hingegen sind jede Nacht unterwegs.

Aufenthaltsorte

Ausgewachsene Boas findet man meist im Bodenbereich des Habitats, während junge Exemplare eher die Sträucher und Bäume bewohnen. Dies ist ein interessantes Verhalten der Tiere, das sogar durch eine leichte Umfärbung von einer kontrastreichen Zeichnung hin zu einer eher „verwaschenen" begleitet wird (s. „Beschreibung"). Viele Gründe kommen für diesen altersabhängigen Lebensraumwechsel in Frage. So könnten große Boas gezwungen sein, nicht mehr zu klettern, weil das Risiko von Stürzen zu groß ist. Junge Boas sind in jedem Fall sehr viel wendiger und sicherer im Geäst als ausgewachsene Tiere.

Jüngere Boas klettern häufig.   Foto: S. Binder

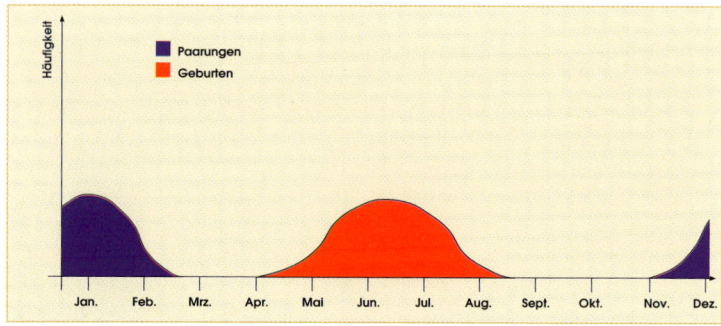

Grafik 1: Häufigkeit von Paarung und Geburten im Jahresverlauf

Nahrungsspektrum

Das Nahrungsspektrum in freier Natur ist weitaus größer als das von Tieren im Terrarium. Junge Boas fressen hauptsächlich Vögel und regelmäßig auch kleine Echsen, die sie teilweise mit dem Schwanz anlocken sollen (DE VOSJOLI 1998). Ausgewachsene Boas finden ihre Beute vor allem in der Kleinsäuger-Fauna Süd- und Mittelamerikas. Bevorzugte Nahrungsquellen sind wahrscheinlich Tiere wie Opossums, Wildmeerschweinchen und Agutis. Ausgewachsene *Boa constrictor* verschmähen aber auch mittelgroße Kaimane nicht. Doch nicht nur große Beutetiere werden von Abgottschlangen gefressen: Man traf juvenile und auch adulte Boas schon beim „Plündern" von Mäuse- oder Rattennestern an.

Übrigens sind längere Hungerzeiten bei Boas völlig natürlich. In ihrem Lebensraum ist es eher selten der Fall, dass eine Boa jede Woche ein Beutetier fängt. Über die Fütterung der Tiere im Terrarium lesen Sie im Kapitel „Ernährung von Boas".

Fortpflanzung

Unabhängig von der Unterart finden die meisten Paarungen von November bis Februar in der Aktivitätsphase – also nachts – statt. Vor der ein- bis zehnstündigen Paarung kann ein Vorspiel beobachtet werden, bei dem das Männchen das Weibchen mit den Afterspornen an den Schwanzflanken „kratzt". Ist das Weibchen rezeptiv (paarungs- bzw. empfängnisbereit), so lässt es nach einiger Zeit die Paarung zu, und das Männchen führt einen (!) seiner beiden Hemipenes in die Kloake des Weibchens ein. Bei einer solchen Kopulation wird Sperma nur in einen der beiden Eileiter des Weibchens abgegeben, weswegen mehrere Paarungen nötig sind, um möglichst viele Eier zu befruchten. Die Paarungen finden meist in aufeinander folgenden Nächten an einem geschützten Ort statt. Die Jungen kommen nach etwa sechs Monaten (also meist April bis August) zur Welt. Würfe von über 30 Jungen sind auch in der Natur nicht selten, die Maximalzahl wird von ROSS & MARZEC (1994) mit 65 Jungtieren angegeben.

Geschlechtsunterschiede und -bestimmung

Neben den bereits erwähnten, bei männlichen Boas deutlicher ausgeprägten Afterspornen gibt es weitere morphologische Hinweise, die zur Geschlechtsbestimmung herangezogen werden können. So sind die Weibchen bei gleichem Alter, gleicher Ernährung und gleicher Unterart meist etwas größer und massiger als die Männchen. Zudem haben Weibchen einen kürzeren Schwanz, der deutlich vom Körper abgesetzt ist, während Körper und Schwanz beim Männchen kontinuierlicher ineinander übergehen, weil sich bei ihnen im Schwanzansatz die Hemipenes befinden.

Aftersporn einer *Boa constrictor*   Foto: S. Binder

Sondierung einer *Boa constrictor*   Foto: M. Schmidt

Sondierungsergebnis: Weibchen   Foto: M. Schmidt

Sondierungsergebnis: Männchen   Foto: M. Schmidt

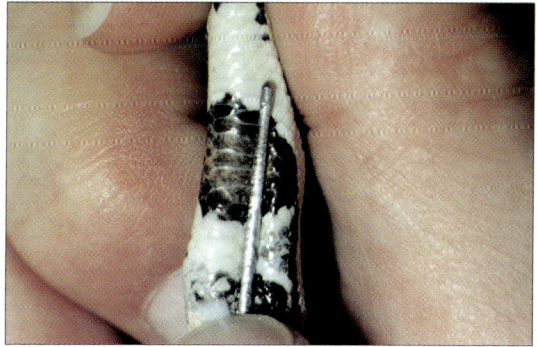

Diese von außen sichtbaren Geschlechtsunterschiede geben zwar gute Hinweise, sind jedoch nicht „sicher". Besonders bei „Mixed Boas", die keiner Unterart oder Lokalform genau entsprechen, kommt es immer wieder zu Problemen, da hier sogar die Weibchen eines Wurfes teilweise sehr unterschiedlich ausgeprägte Aftersporne haben. Zur sicheren Bestimmung ist es daher nötig, die inneren Geschlechtsmerkmale zu erkunden. Dabei gibt es mehrere Möglichkeiten (z. B. genetische Untersuchungen, Bestimmung von Hormonspiegeln), von denen die Sondierung die gebräuchlichste ist. Allerdings birgt sie, wenn sie nicht ordnungsgemäß und vorsichtig ausgeführt wird, eine große Gefahr, die Tiere zu verletzten oder sogar zu sterilisieren. Daher sollten Anfänger sich diese Methode von erfahrenen Haltern zeigen lassen. Man führt eine Metallsonde schwanzwärts vorsichtig in die Kloake des Tieres ein, bis es nicht mehr weitergeht. Zur besseren Gleitfähigkeit kann die Sonde mit Vaseline oder physiologischer Kochsalzlösung benetzt werden. Da diese Methode auf der unterschiedlichen Tiefe der Hemiclitores der Weibchen und der Hemipenestaschen der Männchen beruht, muss die maximale Eindringtiefe der Sonde festgehalten werden. Dazu zählt man, wie viele Schuppen weit die Sonde eindringen konnte. Bei Weibchen sind dies nur wenige, bei Männchen kann die Sonde deutlich weiter vordringen. Niemals überschneiden sich die Werte von Männchen und Weibchen einer Unterart. ROSS & MARCEK (1994) geben folgende Schuppenwerte beim Sondieren von Boas an: *B. c. amarali* (♂ 9; ♀ 3–4), *B. c. constrictor* (♂ 10–12; ♀ 2–3), *B. c. imperator* (♂ 10; ♀ 3–4), *B. c. occidentalis* (♂ 10–11; ♀ 3), *B. c. orophias* (♂ 10–12; ♀ 2–4), *B. c. ortonii* (♂ 10–12; ♀ 4). Fehler treten bei dieser Methode lediglich auf, wenn die Sonde nicht weit genug in die Hemipenestaschen der Männchen eingeführt wird. Dies kann vor allem dann passieren, wenn das Tier verkrampft. Daher sollte man bei einem als Weibchen bestimmten Tier sicherheitshalber mehrere Sondiervorgänge vornehmen. Von dem Herausmassieren der Hemipenes sei wegen des hohen Verletzungsrisikos abgeraten!

Zu den Boinae zählen auch die Grüne Hundskopfboa (*Corallus caninus*; oben) und die Regenbogenboa
(*Epicrates cenchria;* unten). Foto: B. Love/Blue Chameleon Ventures

Systematik

Die systematische Situation bei *Boa constrictor* ist nach wie vor diffus. Immer noch fehlt eine grundlegende taxonomisch-genetische Arbeit an dieser populären Riesenschlange, um die nun schon jahrelang andauernden Debatten unter den Herpetologen diesseits und jenseits des Atlantiks um die systematische Stellung dieser oder jener Unterart zu beenden (vgl. MONZEL 1999). Eine solche Arbeit wäre sicher eine echte Herausforderung für einen Biologen, denn immerhin werden sechs Millionen Quadratmeilen als Verbreitungsgebiet aller *Boa constrictor* angegeben (PRICE & RUSSO 1991).

Seit einiger Zeit stellt man sogar die Unterteilung der Familie Boidae in Frage (DIRKSEN & AULIYA 2001), der bisher die drei Unterfamilien Boaschlangen (Boinae), Pythonschlangen (Pythoninae) und Sandboas (Erycinae) zugerechnet werden. Zu den Boinae zählen die meisten Autoren folgende Gattungen: *Acrantophis*, *Boa*, *Candoia*, *Corallus*, *Epicrates*, *Eunectes* und *Sanzinia*.

Über die Art *Boa constrictor* gibt es heftige Diskussionen unter den Taxonomen: Je nach Auffassung werden sieben bis elf Unterarten der Abgottschlange beschrieben (vgl. DIRKSEN & AULIYA 2001; ROSS & MARZEC 1994). Der Unterart-Status von *B. c. amarali*, *B. c. constrictor*, *B. c. imperator*, *B. c. nebulosa*, *B. c. occidentalis*, *B. c. orophias*, *B. c. ortonii* und *B. c. sabogae* ist derzeit allgemein anerkannt (STIMSON 1969; PETERS & OREJAS-MIRANDA 1986). Die Langschwanzboa (*B. c. longicauda*), 1991 von PRICE & RUSSO beschrieben, gilt seit kurzem ebenfalls bei immer mehr Autoren, vor allem in den USA, als sichere Unterart. Dagegen wurden die beiden „Unterarten" „*B. c. melanogaster*" und „*B. c. sigma*", beschrieben von LANGHAMMER (1983), nie in der Wissenschaft Europas anerkannt. Einige Züchter und manche amerikanische Taxonomen benutzen diese Namen aber weiterhin zur Betitelung der Tiere, weswegen ich hier genauer auf diese beiden „Unterarten" eingehe. Ebenfalls nur von einzelnen Autoren anerkannt sind die in Terrarianerkreisen häufig als „*Boa c. mexicana*" (JAN, 1863) betitelten Abgottschlangen aus Mexiko.

„**Boa constrictor mexicana**" ist nicht als Unterart anerkannt. Das abgebildete Tier stammt aus der Sonorawüste, nur 300 km von der US-amerikanischen Grenze entfernt.
Foto: B. Love/Blue Chameleon Ventures

Im Folgenden werden elf der mehr oder weniger gesicherten Unterarten kurz vorgestellt. Die Auflistung erfolgt alphabetisch, da eine Sortierung in Gruppen aufgrund der derzeitigen undurchsichtigen Lage in der Boa-Systematik nicht sinnvoll erscheint. Am Ende des Kapitels sollen zudem einige häufig im Handel vertretene Lokalformen von *Boa constrictor* beschrieben werden.

Unterarten und Lokalformen

Die in den Unterartenbeschreibungen genannten Daten stammen aus PHILIPPI (1873), BOULENGER (1893), BARBOUR (1906), STULL (1932), LANGHAMMER (1983), CHIPPAUX (1986), LANCINI & KORNACKER (1989), PRICE & RUSSO (1991) sowie BINDER & LAMP (in Vorb.). Für jede Unterart wird ein Code aus Minimal- und Maximalzahl der für die Bestimmung relevanten Werte angegeben, der sich wie folgt zusammensetzt:

Code: [Sattelflecken / Dorsale Schuppenreihen: Bauchschilde: Schwanzschilde]

Anhand des Codes und der Beschreibung im Text soll die möglichst eindeutige Bestimmung der Unterarten erleichtert werden.

Boa constrictor amarali (STULL, 1932) Amarals Boa

Verbreitung: Ost-Bolivien, Süd-Brasilien, Paraguay
Lebensraum: Regenwald mit feuchtwarmem Klima
Größe:
Weibchen 190–240 cm, Männchen 160–200 cm
Code: [19–25 / 71–82 : 221–239 : 41–52]

Diese Unterart wird wegen ihres typischen kurzen Schwanzes manchmal auch „Kurzschwanzboa" genannt. Auch durch einige andere Merkmale ist sie leicht von allen anderen zu unterscheiden: *B. c. amarali* wirkt sehr gedrungen und ähnelt im Körperbau manchmal einem (etwas unterernährten) Blutpython (*Python curtus*). Grundsätzlich zeigt diese Unterart wenig Brauntöne in der Färbung: Amarals Boas haben meist eine hellgraue Grundfärbung mit schmalen dunkelgrauen bis braungrauen Sattelflecken. Die Körperunterseite der Tiere kann beige, orangebraun oder grauschwarz sein. *B. c. amarali* zeigt deutliche „Witwenspitzen" und „Augenbrauen".

Sie wächst zumindest unter Terrarienbedingungen recht langsam, da Jungtiere eher „sparsam" ernährt werden sollten, was die Zeiträume zwischen den Fütterungen und die Größe der Beutetiere anbelangt (s. „Ernährung"). Die Geschlechtsreife erreichen Weibchen erst mit etwa vier Jahren. Das Zusammensetzen eines Weibchens mit mehreren Männchen ist für eine Nachzucht dieser Unterart sehr förderlich. Noch stärker als bei anderen Unterarten empfiehlt sich ein Terrarium mit ausgeprägtem Temperaturgefälle (s. BINDER & LAMP in Vorb.). *B. c. amarali* ist in Europa noch vergleichsweise selten in den Terrarien anzutreffen.

Verbreitung von *Boa constrictor amarali*

Vergleichsweise selten in europäischen Terrarien: *Boa constrictor amarali*

Foto: M. Schmidt

Amarals Boas zeigen deutliche „Witwenspitzen" (siehe Pfeile).

Foto: P. Kahl

Boa constrictor constrictor LINNAEUS, 1758
Königsboa

Verbreitung: Von Venezuela, Kolumbien, Surinam, Guyana und Französisch-Guayana bis nach Peru, Nord-Bolivien und Süd-Brasilien, auf Trinidad und Tobago
Lebensraum: hauptsächlich tropischer Regenwald
Größe: Weibchen 270–420 cm,
Männchen 210–300 cm
Code: [15–22 / 81–95 : 227–250 : 48–62]

Verbreitung von *Boa constrictor constrictor*

Königsboas leben in einem riesigen Verbreitungsgebiet, so dass es sinnvoll erscheint, diese Unterart in mehrere Lokalformen aufzuteilen, wie es BINDER & LAMP (in Vorb.) vorschlagen. Aus Platzgründen wird hier auf eine vollständige Nennung und Beschreibung dieser Formen verzichtet, einige häufige sind aber im Kapitel „Lokalformen" erwähnt.

B. c. constrictor wird besonders groß und ist bei Haltern auf der ganzen Welt durch ihre attraktive Färbung besonders beliebt. Da viele Tiere dieser Unterart ausgeprägte Rotfärbungen des Schwanzes aufweisen, werden sie oft unter dem Handelsnamen „Rotschwanzboa" angeboten.

Typische morphologische Merkmale dieser Unterart sind ein eher länglicher Kopf, „Witwenspitzen", „Augenbrauen" und eine rötliche bis burgunderfarbene Zeichnung im letzten Körperdrittel. Die dunkelbraunen Sattelflecken setzen sich deutlich von der hellgrauen Grundfärbung ab, der

Manche *Boa c. constrictor* sind wahre „Rotschwanzboas".

Foto: M. Schmidt

Juvenile Königsboa   Foto: B. Love/Bue Chameleon Ventures

Boa c. constrictor bewohnt vor allem Regenwälder, das Foto zeigt
ein Habitat in Nordost-Brasilien bei Camocim.   Foto: H. Werning

Bauch ist elfenbeinfarbig mit schwarzen Punkten, die auch auf dem Körper zu finden sind.

Auch die Nominatform (das ist die Unterart, zu der das Tier gehörte, anhand dessen die Art beschrieben wurde, also *B. c. constrictor*) dieser Art wächst wie *B. c. amarali* eher langsam und neigt bei zu häufiger Fütterung (oder zu großen Futtertieren) leicht zum späteren Auswürgen der Beute. Die Geschlechtsreife wird mit drei bis vier Jahren erreicht. Für die erfolgreiche Zucht scheinen ein Zusammensetzen mehrerer Männchen mit einem Weibchen und eine leichte Kühlphase erforderlich zu sein (s. „Zucht") Königsboas gelten als sehr krankheitsanfällig, vor allem, wenn sie dauerhaft zu kalt gepflegt werden oder Zug bekommen. Aus den genannten Gründen halte ich *B. c. constrictor* nicht für eine geeignete Schlange für den Anfänger in der Boa-Pflege.

Boa c. constrictor im Habitat Foto: M. Schmidt

Boa constrictor imperator DAUDIN, 1803
Kaiserboa

Verbreitung: Von Mexiko über Zentralamerika bis in den nördlichen Teil Südamerikas westlich der Anden

Lebensraum: je nach Lokalform Wüste bis tropischer Regenwald

Größe: je nach Lokalorm Weibchen 100–300 cm, Männchen 90–260 cm

Code: [19–32 / 56–81 : 225–253 : 45–65] ; Boas aus den nördlichen Teilen des Verbreitungsgebietes zeigen häufig mehr Sattelflecken als Individuen aus dem Süden.

Die Kaiserboa ist wohl die häufigste Boa-Unterart in deutschen Terrarien. Auch diese Form ist in einem sehr großen Verbreitungsgebiet mit vielen verschiedenen Lebensräumen zu finden. Dies ist einer der Gründe, warum immer wieder der wissenschaftliche Versuch unternommen wurde, ein-

zelnen Lokalformen eigenen Unterartstatus zu gewähren (z. B. „Boa c. mexicana"). Einige solcher Lokalformen werden im entsprechenden Kapitel (s. u.) genauer behandelt. Da unter ihnen etliche Inselpopulationen zu finden sind, gibt es eine ganze Reihe sehr unterschiedlich gefärbter Formen, die erstmals in BINDER & LAMP (in Vorb.) vollständig beschrieben werden. Von manchen Autoren wird *Boa c. sabogae* in die Synonymie zu *Boa c. imperator* gestellt (STULL 1964, in: LANGHAMMER 1983).

Anders als bei den Königsboas sind die Lokalformen dieser Unterart in ihrer Färbung und ihrem Habitus teilweise sehr unterschiedlich. Alle *B. c. imperator* zeigen das „Imperatorkreuz". Individuen nördlicher Populationen sind vergleichsweise klein und haben eine eher dunkle Körperfärbung mit vielen Brauntönen und dunkelbraunen bis schwarzen Sattelflecken. Im Süden des Verbreitungsgebietes gibt es aber auch sehr hell gefärbte Formen mit z. T. orangefarbener Zeichnung. Die aus Kolumbien stammenden Kaiserboas mit rotbraunen Schwanz-

Junge Kaiserboa

Foto: B. Love/Blue Chameleon Ventures

Habitat von *Boa c. imperator:* ein Trockenwald auf der Pazifikseite Ecuadors (Machalilla)   Foto: H. Werning

***Boa c. imperator* im Habitat in Ecuador**   Foto: H. Werning

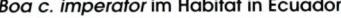

Ausgewachsene *Boa constrictor imperator*

Foto: M. Schmidt

Verbreitung von *Boa constrictor imperator*

markierungen sind die größten Individuen dieser Unterart und wohl die am häufigsten gehaltenen *Boa c. imperator*.

Die regelmäßig gehandelten Varianten dieser Unterart sind sehr robust und vergleichsweise einfach in ihrer Haltung. Kaiserboas haben zudem ein eher ruhiges Gemüt und neigen (als Nachzucht) selten zum Beißen. Klein bleibende Formen dieser Unterart, wie z. B. die „Hog-Island-Boas" (s. u.), stellen zudem relativ geringe Platzansprüche an ihren Halter. Somit sind diese Tiere für den Anfänger durchaus zu empfehlen.

Boa constrictor longicauda
PRICE & RUSSO, 1991
Langschwanzboa

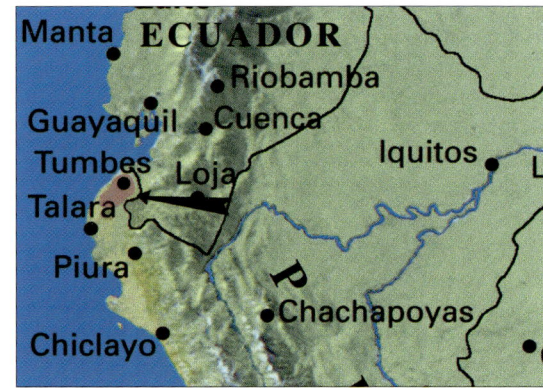

Verbreitung von *Boa constrictor longicauda*

Verbreitung: Provinz Tumbes in Nordwest-Peru
Lebensraum: Küstenregenwälder und
Mangrovensümpfe mit feuchtwarmem Klima
Größe: Weibchen 230–290 cm,
Männchen 170–230 cm
Code: [19–22 / 60–76 : 223–247 : 60–67]

Die erst 1991 von PRICE & RUSSO beschriebene Langschwanzboa wird noch nicht von allen Taxonomen als eigenständige Unterart anerkannt. Morphologisch unterscheiden sich diese Tiere von allen anderen Boas dadurch, dass sie die relativ längsten Schwänze und die längsten Hemipenes aller Unterarten haben sollen. Während die Jungtiere zunächst graubraun gefärbt sind, zeigen Adulti nach der Umfärbung im Alter von einem bis anderthalb Jahren eine gräuliche bis gelbe Grundfärbung mit dunkelgrauen bis schwarzen Sattelflecken. Die Zeichnung dieser Tiere ist äußerst variabel, jedoch die Kopfzeichnung so markant, dass Langschwanzboas leicht von anderen Boas unterschieden werden können: Vor allem ein breiter keilförmiger Streifen ist augenfällig, der von der Nase zum Nacken verläuft. Bei einigen Tieren dieser Unterart findet man ein breites „Imperatorkreuz", jedoch zeigt *B. c. longicauda* niemals Rottöne, auch nicht im Schwanzbereich.

Langschwanzboas gehören zu den robusteren Unterarten, werden aber erst in geringen Stückzahlen vermehrt.

Boa constrictor longicauda   Foto: R. Elfvin/A. Lamp

„Boa constrictor melanogaster"
LANGHAMMER, 1983
Schwarzbauchboa

Verbreitung von „*Boa constrictor melanogaster*"

Verbreitung: Amazonasgebiet östlich der Anden in Ost-Ecuador und Nord-Peru
Lebensraum: Regenwald mit feuchtwarmem Klima
Größe: Weibchen 330–460 cm,
Männchen 220 cm und mehr
Code: [20–22 / 86–94 : 237–252 : 45–54]

Diese „Unterart" ist in der Wissenschaft derzeit nicht anerkannt. Wahrscheinlich handelt es sich um eine sehr dunkel getönte Lokalform von *Boa c. constrictor*. Besonders auffällig ist bei diesen Tieren vor allem der schwarz gefärbte Bauch. Auch der restliche Körper ist sehr dunkel, so dass diese Tiere als Adulti fast melanistisch wirken können (s. BINDER & LAMP in Vorb.). *B. c. melanogaster* zeigt zudem keine hellen Stellen in den Sattelflecken.

Derzeit werden kaum Tiere dieser Unterart gehalten, was wohl vor allem am Ausfuhrverbot für Reptilien aus Ecuador liegt.

Habitat von „*Boa constrictor melanogaster*"   Foto: H. Werning

Boa constrictor nebulosa
LAZELL, 1964
Dominicaboa

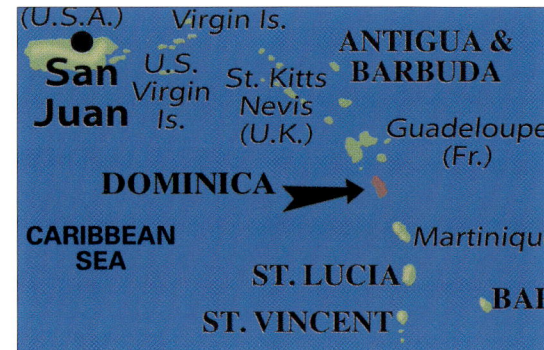

Verbreitung: Insel Dominica
Lebensraum: Inselwald mit feuchtwarmem Klima (meist in Höhlen)
Größe: Weibchen 190–260 cm,
Männchen 120–180 cm
Code: [26–35 / 59–69 : 258–273 : 51–58]

Auffälligstes Merkmal der für eine *Boa constrictor* schlank gebauten Dominicaboa ist die verwaschene Rückenzeichnung der Tiere: Die mittelbraune Grundfärbung verschwimmt mit der nur wenig dunkleren Zeichnung der Sattel- und Flankenflecken. Auch der Kopf ist verwaschen gezeichnet, lediglich ein zentraler, etwas dunklerer Streifen auf der oberen Kopfmitte lässt sich erkennen. Der Schwanz zeigt eine gelblich beige Zeichnung auf dunkelbraunem Grund, während der Bauch beigebraun gefärbt ist. Bei Tieren dieser Unterart irisiert die Haut häufig.

Verbreitung von *Boa constrictor nebulosa*

Boa c. nebulosa wird recht selten gepflegt und noch seltener gezüchtet. Dominicaboas gelten als sehr temperamentvoll und beißfreudig, es gibt jedoch auch Berichte von recht „friedlichen" adulten Tieren. Häufig ist die Ernährung der Tiere dieser Unterart ziemlich schwierig, vor allem bei Jungtieren. Manchmal kann das Verfüttern von Vögeln Erfolge bringen. Diese Tiere sind für den Anfänger nicht empfehlenswert.

Boa constrictor nebulosa im Terrarium   Foto: M. Schmidt

Boa constrictor occidentalis
PHILIPPI, 1873
Südboa

Verbreitung von *Boa constrictor occidentalis*

Verbreitung: Nord- und Zentral-Argentinien sowie Paraguay
Lebensraum: Pampas
Größe: Weibchen 240–350 cm,
Männchen 220–300 cm
Code: [22–31 / 65–91 : 239–251 : 45–56]

Als südlichste Form von *Boa constrictor* bewohnt die Südboa die eher trockene Pampa. Ein typisches Habitat ist zudem der paraguayische Gran Chaco. *B. c. occidentalis* wird ähnlich groß wie die Nominatform. Als einzige Unterart ist sie im Anhang I des Washingtoner Artenschutzabkommens geführt (s. „Artenschutz").

Auf der dunkelbraunen bis schwarzen Grundfärbung der Südboa umreißen gelbliche oder weiße Linien die Sattelfleckenzeichnung. Die Flanken der Tiere sind meist etwas heller, und die Körperunterseite zeigt sogar eine beigebraune Fär-

bung mit schwarzen Sprenkeln. An den Flanken befinden sich keine rautenförmigen Flecken, sondern ein mehr oder weniger unterbrochenes helles Band. Der Schwanz ist vollkommen dunkel gefärbt, einige wenige Tiere zeigen in dieser Körperregion auch rötliche Farbtöne. Die Färbung ist bei Abgottschlangen einzigartig und verleiht diesen Tieren ein geradezu mystisches, sehr ansprechendes Aussehen.

Boa constrictor occidentalis (Südboa) im Terrarium   Foto: S. Binder

Entgegen anderslautenden Gerüchten sind Nachzuchten von Südboas wenig temperamentvoll und neigen nur
selten zum Beißen. Eine
Phase mit kühleren Tem-
peraturen und verringer-
ter Beleuchtungsdauer ist
zur Auslösung der Paa-
rung im Allgemei-
n e n

duen leicht zum Auswürgen von Beute neigen. *B. c. occidentalis* gehört eher zu den langsamer wachsenden Unterarten und kann auch von engagierten
Anfängern in der Boiden-Haltung durchaus
mit Erfolg gepflegt
werden.

Boa constrictor occidentalis
Foto: S. Binder

nötig. Jungtiere dieser Unterart sollten in größeren Abständen und mit eher kleinen Futtertieren ernährt werden, da manche Indivi-

Habitat von *Boa c. occidentalis* in Paraguay   Foto: S. u. T. Vinke

Boa constrictor orophias
LINNAEUS, 1758
St.-Lucia-Boa

Verbreitung: Insel St. Lucia
Lebensraum: Regenwald mit feuchtwarmem Klima (oft in Höhlen)
Größe: Weibchen 240–300 cm, Männchen 170–220 cm
Code: [25–31 / 55–75 : 270–288 : 55–69]

Die Grundfärbung von *B. c. orophias* variiert zwischen Grau und Braun, die der Sattelflecken zwischen Schwarzbraun und Grauschwarz. Die hohe Zahl an Sattelflecken und die „Witwenspitzen" sind sehr typisch für diese Unterart. Der Schwanz der St.-Lucia-Boa wird im Verlauf ihres Lebens immer dunkler und ist bei alten Tieren fast ganz schwarz. Jüngere Tiere zeigen eine verwaschene hellgelbliche Schwanzzeichnung. Viele Individuen dieser Unterart irisieren sehr schön im Licht.

Im Terrarium wird die St.-Lucia-Boa selten gepflegt. Nicht zuletzt ihr schlechter Ruf führte zu dieser Situation, denn neben *B. c. nebulosa* ist *B. c. orophias* sicher die aggressivste Unterart der Abgottschlange. Besonders jüngere Tiere beißen während der Aktivitätsphase häufig nach allem, was sich bewegt. Die St.-Lucia-Boa bevorzugt erhöhte Liegeplätze und klettert gerne. Auf ihrer Heimatinsel steht die Schlange unter strengem Schutz.

Verbreitung von *Boa constrictor orophias*

Boa constrictor ortonii
COPE, 1878
Ortons Boa

Verbreitung: Nordwest-Peru in den Provinzen Piura, Lambayeque (westlich der Anden)
Lebensraum: Trockenwald
Größe: Weibchen bis zu ca. 280 cm, Männchen ca. 120–150 cm
Code: [29 / 57–72 : 243–253 : 42–59]

Von manchen Autoren wird der Unterartstatus dieser Tiere angezweifelt, was aber wahrscheinlich vor allem auf Verwechslungen mit der Peru-Form von *B. c. constrictor* oder *B. c. longicauda* zurückzuführen ist. Typisch für Ortons Boa ist eine sandfarbene bis hellbraune Grundfärbung mit dunklen oder schwarzen schmetterlingsförmigen Sattelflecken. Der Schwanz kann zudem rötliche bis schwarzbraune Färbungen aufweisen.

Tiere dieser Unterart werden außerhalb von Südamerika derzeit wohl nicht gehalten, von Nachzuchterfolgen wurde bisher nicht berichtet. Ortons Boas brauchen zur erfolgreichen Haltung vermutlich etwas geringere Temperaturen als alle anderen Abgottschlangen-Unterarten, vielleicht halten die Tiere sogar eine Winterruhe. Wahrscheinlich ist diese Unterart unmittelbar von der Ausrottung bedroht.

Verbreitung von *Boa constrictor ortonii*

Boa c. ortonii   Foto: O. Pesantes

Boa c. sabogae   Foto: J. Haker/A. Lamp

Boa constrictor sabogae
(Barbour, 1906)
Pearl-Island-Boa

Verbreitung: Inselgruppe Pearl Islands
Lebensraum: tropischer Regenwald
Größe: Weibchen 100–140 cm,
Männchen 90–120 cm
Code: [18–19 / 65–67 : 214–247 : 49–70]

Die Validität der Unterart wird gelegentlich angezweifelt, da die plausible Möglichkeit besteht, dass diese Inselform zu *B. c. imperator* gehört (s. Binder & Lamp in Vorb.). Die Tiere von den Pearl Islands sind hypomelanistisch, haben also genetisch bedingt einen herabgesetzten Schwarzanteil in ihrer Färbung. Dadurch erklärt sich ihre typische beige-orange Färbung, von der sich die orangefarbenen Sattelflecken nur leicht absetzen.

Formenreine Tiere dieser seltenen Form werden wohl nur in Südamerika gepflegt. Die Tiere zeichnen sich durch starkes Fauchen und schnelle Abwehrbisse aus. Wahrscheinlich haben die heute in den USA zu hohen Preisen gehandelten hypomelanistischen Boas („Hypos") ihren Ursprung in *B. c. sabogae*. Die Form ist in der Natur von der Ausrottung bedroht und wurde schon einige Zeit nicht mehr nachgewiesen.

Verbreitung von *Boa constrictor sabogae*

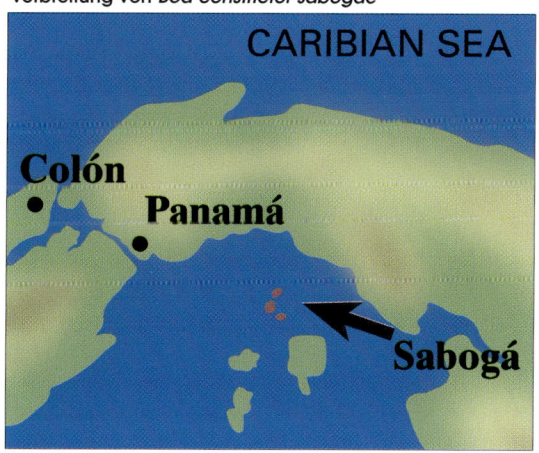

„*Boa constrictor sigma*"
Smith, 1943
Sigmaboa

Verbreitung: Inselgruppe Islas Marias
(Tres Marias Islands)
Lebensraum: Regenwald mit feuchtwarmem Klima
Größe: keine gesicherten Angaben
Code: [30 / 77 : 253–260 : 55–60]

Der Unterartstatus dieser Form ist nicht anerkannt, wahrscheinlich handelt es sich um eine Inselform von *B. c. imperator*. Mir ist kein Haltungsbericht dieser Lokalform bekannt, und sie gilt derzeit als in freier Natur ausgerottet.

Verbreitung von *Boa constrictor sigma*

Lokalformen

Eine Aufspaltung der Individuen einer Unterart wird häufig unternommen, wenn diese regionenbezogen sehr unterschiedliche Färbungen, Zeichnungen oder Körpergrößen aufweisen. Besonders interessant wird die Trennung in Lokalformen vor allem bei Inselpopulationen, die mit den restlichen Mitgliedern der Unterart keine Gene mehr austauschen können. Derzeit sind bei Abgottschlangen nur Lokalformen von *B. c. constrictor* und *B. c. imperator* beschrieben. Ich möchte hier nur einige wenige vorstellen, die häufig im Handel angeboten werden. Für eine komplette Übersicht empfehle ich die weiterführende Literatur (z. B. Binder & Lamp in Vorb.).

Lokalformen von *Boa constrictor constrictor*

Am bekanntesten sind bei dieser Unterart die „Guyana-" und „Surinam-Rotschwanzboa", die eigentlich zusammen als **Guyana-Delta-Variante** bezeichnet werden sollten (s. BINDER & LAMP in Vorb.). Diese Form stammt aus Venezuela, Guyana, Surinam, Französisch-Guayana und den vorgelagerten Inseln sowie von Trinidad und Tobago, nach Europa exportiert werden jedoch fast ausschließlich Tiere aus Guyana und Surinam. Die Tiere haben mehr oder weniger ausgeprägte „Witwenspitzen" an den dunkelbraunen Sattelflecken, die sich von der hellgrauen oder bräunlichen Grundfärbung absetzen. Die Flanken können ebenfalls einen Anflug von rötlichen Tönen aufweisen. Besonders auffällig ist die prachtvoll rot gefärbte Schwanzzeichnung im letzten Drittel des Körpers (35 % des Körpers; s. BINDER & LAMP in Vorb.).

Brasilien-Variante von *Boa c. constrictor*   Foto: S. Binder

Weiterhin werden häufiger so genannte „Brasilianer" angeboten, die der **Brasilien-Variante** angehören. Typisch für diese Form sind eine helle, sandfarbene Grundfärbung und recht unregelmäßige braune Sattelflecken. In seltenen Fällen können rosafarbene Flanken auftreten. Der Schwanz zeigt nur im hinteren Viertel (!) rote Markierungen (max. 25 % des Körpers, s. BINDER & LAMP in Vorb.). Beide genannten Lokalformen haben einen deutlich massigeren Schädel als andere Formen von *B. c. constrictor*.

In letzter Zeit sind auch Tiere aus Peru besonders beliebt bei deutschen Boa-Haltern. Diese „Peruaner" gehören zur **Anden-Variante**, in der Tiere aus Peru und Ecuador zusammengefasst werden. Diese besonders großwüchsige Variante hat eine typische beige-gelbe Grundfärbung mit schmalen, sanduhrförmigen Sattelflecken. „Witwenspitzen" sind eher selten. Die Tiere sind im Handel noch recht selten, aber wegen ihrer faszinierenden Färbung sehr gefragt.

Lokalformen von *Boa constrictor imperator*

Bei den Kaiserboas gibt es aufgrund der Verbreitung über viele verschiedene Lebensräume deutlich mehr Lokalformen. So werden Tiere aus Mexiko in Terrarianerkreisen häufig als „*B. c. mexicana*" bezeichnet. Tatsächlich sollte man die Abgottschlangen aus Mexiko in mindestens drei Varianten aufteilen, wie von BINDER & LAMP (in Vorb.) vorgeschlagen. Abgottschlangen aus Mexiko sind recht klein bleibend, aggressiv sowie beigebraun bis fast schwarz gefärbt. Die vielen Sattelflecken sind verbunden, und auf dem Kopf prangt kontrastreich ein „Imperatorkreuz". Die Habitate dieser Boas sind eher trocken und reichen bis in die Sonora-Wüste. Mexiko-Tiere besitzen Endmaße von 90–150 cm bei Männchen und 100–200 cm bei Weibchen (je nach Variante). Als gesichert gilt die Existenz der **Sonora-**, **Veracruz-** und **Cancún-Variante**.

Fünf Varianten werden unter dem Oberbegriff **Belize-Boas** zusammengefasst. Diese klein bleibenden Boas haben die typischen Imperator-Merkmale wie Imperatorkreuz und sanduhrför-

Hog-Island-Variante von *Boa c. imperator*

Foto: M. Schmidt

mige Sattelflecken. Generell sind diese Boas sehr dunkel und zeigen viele Brauntöne. Die Männchen erreichen je nach Variante Längen von 90–130 cm, die Weibchen von 110–160 cm. Unterschieden werden die Festland- und vier Insel-Varianten (s. BINDER & LAMP in Vorb.).

Von den Honduras-Boas gibt es vier Varianten. Die **Hog-Island-Variante** ist die bekannteste dieser Lokalformen und durch ihre sehr ansprechende Färbung den Terrarianern geläufig geworden. Inzwischen wird diese Variante recht häufig im Terrarium vermehrt. Wie alle Honduras-Boas wird sie nicht größer als 2 m. Tiere dieser Form stammen von den Cayos de los Cochinos (Schweineinseln; engl.: Hog Islands) und haben eine beige

Grundfärbung mit wunderschönen orangefarbenen Sattelflecken, wobei die Jungtiere häufig eher gräulich gefärbt sind. Wahrscheinlich ist die natürliche Population dieser hypomelanistischen Variante fast völlig vernichtet – jede reine Nachzucht sorgt also für die Erhaltung der Lokalform!

Die wohl am häufigsten gehaltene Lokalform von *B. c. imperator* ist die **Kolumbien-Variante**. Diese Kaiserboas sind beige bis hellbraun und haben mittel- bis dunkelbraune Sattelflecken. Der Schwanzbereich weist braune oder rotbraune Sattelflecken auf. Die Kolumbien-Variante kann als größte Form von *B. c. imperator* Längen von bis zu 300 cm erreichen. Diese Tiere werden oft als „normale Kaiserboas" bezeichnet.

„Mixed Boas"

Während alle zuvor genannten Abgottschlangen jeweils einer bestimmten Unterart oder Lokalform angehören, sind „Mixed Boas" in Menschenhand gezüchtete Tiere. In den Anfängen der Boa-Haltung waren die Züchter nämlich froh, überhaupt ein Pärchen zusammenzubekommen und es erfolgreich zu vermehren (vgl. STÖCKL 1996). Zu dieser Zeit legte man also keinen Wert auf unterarten- oder gar lokalformenreine Verpaarungen. So entstanden über Generationen genetisch immer weiter vermischte Tiere, die typische Merkmale mehrerer Unterarten zeigen. Solche Boas werden in der Umgangssprache häufig als „Mixed Boas" oder „Mischlinge" betitelt.

Die Ursprünge der „Mixed Boas" liegen zumeist in Kreuzungen von kolumbianischen Kaiserboas und Königsboas, manchmal sind auch Merkmale von *B. c. occidentalis* festzustellen. Die Färbung und Zeichnung der Tiere ist dementsprechend sehr variabel – auch innerhalb eines Wurfes. Als durchschnittlicher Code für „Mixed Boas" kann [15–32 / 64–90 : 225–248 : 45-64] angegeben werden, was die Variabilität dieser Abgottschlangen klar verdeutlicht.

Sehr dunkle „Mixed"-Boa Foto: S. Binder

Farb- und Zeichnungsvarianten

Wie seit einiger Zeit vor allem bei Kornnattern (*Elaphe guttata*), so ist derzeit ein Boom der Farb- und Zeichnungsvarianten von *Boa constrictor* festzustellen. Dabei handelt es sich um Tiere (meistens mehr oder weniger „reine" *B. c. imperator*), bei denen durch eine Mutation ein Gen verändert wurde. Die häufig beschriebene Krankheitsanfälligkeit dieser Zuchtformen muss nicht mit der Mutation zusammenhängen, sondern ist mehrheitlich der Zuchtstrategie der vor allem US-amerikanischen kommerziellen Züchter zuzuschreiben, die häufig aufgrund des hohen Gewinns, der mit „schnellen" Nachzuchten erzielt werden kann, jegliche Zuchtplanung zur Verhinderung von Inzucht außer Acht ließen. Solche durch genetische Verarmung bedingte „Schwächen" findet man heute auch bei Terrarientieren derart rarer Unterarten wie etwa *B. c. longicauda*, da auch hier wenige Exemplare den Ursprung für alle folgenden bildeten und somit immer wieder verwandte Boas miteinander verpaart wurden.

Die Mutationen, die für die Veränderung des Aussehens bei Abgottschlangen verantwortlich sind, haben eine natürliche Ursache, viele Zuchten von Farbvarianten beruhen sogar auf in der Natur gefangenen Individuen. In ihrem Verbreitungsgebiet hätten diese Tiere jedoch in den meisten Fällen keine sonderlich hohe Chance zu überleben, da die veränderte Färbung im Lebensraum (wie auch im Terrarium) oft sehr auffällig ist und Raubfeinde diese Tiere somit schneller fänden. Es kann aber durchaus Mutationen geben, durch die die Überlebenschancen einer Boa erhöht werden – Mutationen stellen also nicht zwangsläufig etwas „Schlechtes" für das jeweilige Individuum oder die Art dar.

Aus dem Wunsch, eine „besondere" Boa zu besitzen, ist in den USA inzwischen ein riesiger Markt entstanden, bei dem einige Züchter für eine einzige Abgottschlange etliche Tausend Dollar (!) auf den Tisch legen, um einige Jahre später möglichst viele Nachzuchten damit zu „produzieren" und diese Gewinn bringend zu verkaufen. *Boa constrictor* als Investition...

Die Haltung und Vermehrung von Farbvarianten ist schon immer ein sehr strittiges Thema unter deutschen Terrarianern gewesen – und wird es wohl noch lange bleiben. Doch der Trend ist unübersehbar, denn immer mehr Farbvarianten schaffen den Sprung über den Atlantik nach Deutschland, so dass inzwischen auch hierzulande eifrig Albino-Boas und andere Varianten nachgezogen werden. Ich möchte in diesem Buch nur einige wenige Formen vorstellen, um dem Leser einen kleinen Überblick zu verschaffen.

Wie bei vielen anderen Reptilien auch, waren so genannte „**Albinos**" von *Boa constrictor* die ersten Farbvarianten, die Aufsehen unter Terrarianern erregten und entsprechend hohe Preise erzielten. Eigentlich handelt es sich aber um amelanistische Tiere, denen also ein Gen zur Produktion des schwarzen Hautpigments Melanin fehlt. In der Umgangssprache wird jedoch meist von „Albino-Boas" geredet. Inzwischen gibt es drei Linien, die alle nichtallel sind; Verpaarungen dieser Linien bringen also ausschließlich normalfarbige Junge, da die Mutationen durch das jeweils intakte Gegenstück auf dem zweiten Chromosom ausgeglichen wird. Nichtallele Mutationen beruhen nämlich auf Veränderungen von Genen, die Enzyme für nacheinander ablaufende Reaktionen eines Syntheseweges codieren. Im Fall der „Albino-Boas" wurden drei Mutationen festgestellt, die an verschiedenen Enzymen der Melanin-Produktion ansetzen. Die drei „Albino"-Mutationen von *Boa constrictor* beruhen also zwar nicht auf der gleichen genetischen Ursache, haben aber dieselbe Folge: Es kann kein Melanin gebildet werden, der Boa fehlt Schwarz in der Färbung. Die ersten „Albino"-Boas stammen aus der inzwischen weit verbreiteten „Kahl-Linie", die nach Peter Kahl benannt wurde, der diese Variante erstmals im Terrarium nachzog. Kurz darauf folgte die „Sharp-Linie" (nach Brian Sharp). Seit einigen Jahren gibt es zudem die „T+"-Linie (für „Tyrosinase positiv"), bei der ein Enzym noch aktiv ist, das bei beiden anderen „Albino"-Mutationen bereits ausgeschaltet ist.

„Albino-Boas" (*Boa c. imperator*) fehlt das schwarze Hautpigment.

Foto: S. Binder

Anerythristische Boas fallen kaum auf…

Foto: P. Kahl

Relativ häufig treten bei Boas **anerythristische** Tiere auf, also Individuen, denen der rote Hautfarbstoff fehlt. Diese Tiere sehen aus wie eine sehr unspektakulär gefärbte „normale" Boa und werden daher häufig nicht als Farbvariante erkannt. Erst die Kombination von Anerythrismus und Amelanismus hat einen deutlich sichtbaren Effekt und führt zu so genannten „**Snow-Boas**", die fast ganz weiß sind. Diese Doppelmutation ist vor allem in den USA sehr beliebt und erzielt dementsprechend hohe Preise.

Ebenso beliebt sind hypomelanistische Tiere, die oft einfach „**Hypo**" genannt werden. Bei ihnen ist der Schwarzanteil in der Färbung herabgesetzt, weswegen die Rottöne besser zur Geltung kommen. Diese Mutation tritt übrigens auch in der Natur auf, z. B. bei *B. c. sabogae*.

In Deutschland werden relativ häufig als „**Pastel Boas**" titulierte Tiere angeboten,

Snow-Boas sind fast ganz weiß.   Foto: P. Kahl

Hypomelanistische Boa („Salmon-Hypo")   Foto: R. Ihle/A. Lamp

„Super-Jungle-Boa"   Foto: P. Kahl

die ebenfalls zu den Farbvarianten zählen. Hierbei wurden durch stetige Selektion Boas mit stark erhöhtem Rotanteil gezüchtet. Es gibt eine amerikanische und eine europäische Linie, wobei die europäischen Pastels im Alter immer mehr Rot zeigen, während die amerikanischen verblassen.

Die bekannteste *Zeichnungs*variante ist „**Super-Jungle**". Diese Tiere besitzen unregelmäßig eiförmige helle Sattelflecken, die in einem braunen Band eingefasst sind, so dass diese *Boa c. imperator* äußerlich nur sehr wenig Ähnlichkeit mit den natürlich gefärbten Tieren aufweist. Die Tiere sind insgesamt sehr „sauber" gezeichnet, abgesehen von kleinen schwarzen Flecken an den Flanken ist die Zeichnung stark abgerundet. Diese

Veränderung der Zeichnung beruht tatsächlich auf nur einer Mutation, die allerdings codominant vererbt wird. Eine Verpaarung von einer „Super-Jungle-Boa" mit einer normalfarbigen ergibt Tiere, deren Aussehen zwischen dem der Elterntiere liegt. Diese Zeichnung wird „Jungle" genannt.

Zudem gibt es mehrere Linien **gestreifter Boas**, die durch einzelne Mutationen ausgelöst werden, und so genannte **„Arabesque-Boas"**. Letztere sind sehr ansprechend kontrastreich gefärbt und zeigen häufig viel Gelb und Schwarz – kombiniert mit einer interessanten Zeichnung. Insgesamt werden über 25 Varianten von *Boa constrictor* beschrieben und gehandelt – es ist davon auszugehen, dass weitere in den nächsten Jahren hinzukommen werden.

Erwerb der Boa

Der Erwerb einer *Boa constrictor* sollte nicht unüberlegt getätigt werden! Das hohe Alter, das diese Tiere erreichen, und ihre speziellen Ansprüche machen Abgottschlangen zu einem Heimtier, das etliche Jahre intensiver Pflege benötigt – die Entscheidung zum Kauf beeinflusst also das Leben des Halters über relativ lange Zeit. Bevor das Tier ins Haus kommt, sollten folgende Fragen positiv beantwortet werden:

- Ist die Haltung von Riesenschlangen in Ihrer Wohnung erlaubt?
- Tolerieren Ihre Mitbewohner Schlangen als Heimtiere?
- Sind Sie dazu bereit, den Tod von Mäusen oder Ratten zu veranlassen oder tiefgefrorene Nager aufzutauen und zu verfüttern?
- Haben Sie und Ihre Mitbewohner keine Angst vor Schlangen und können Sie die Boa z. B. zur Gesundheitskontrolle ohne Ekel anfassen?
- Haben Sie den Platz für ein ausreichend großes Boa-Terrarium?
- Sind Sie in der Lage, die finanziellen Aufwendungen für die Terrarientechnik und den späteren Stromverbrauch sowie die Futterkosten zu tragen?
- Haben Sie ggf. einen vertrauenswürdigen Pfleger für den Urlaub?
- Sind Sie bereit, die teilweise immensen Kosten für eventuelle tierärztliche Behandlungen zu tragen?

Wenn Sie alle Fragen mit „ja" beantworten können, steht dem Kauf von Terrarium und Zubehör und kurz darauf dem Ihrer Boa nichts im Wege. Vor dem Kauf des Tieres sollten Sie sich jedoch schon darüber im Klaren sein, was für eine Boa es sein soll...

Welche Boa ist die richtige?

Für den Anfänger in der Boiden-Haltung sind „Mixed Boas", also Unterarten-Mischlinge, häufig ein idealer Einstieg, da diese Tiere schon über Generationen hinweg in Menschenhand gehalten und somit auf „einfache Haltbarkeit" hin selektiert wurden. „Mixed Boas" sind – wenn sie nicht auf Inzucht beruhen – sehr robust und zeigen selten Aggressivität. Wer Boas „nur" halten und nicht züchten möchte, dem sei ein Exemplar einer „Mixed Boa" empfohlen. Eines sollte jedoch jedem Käufer bewusst sein: Beim Erwerb eines Jungtieres einer „Mixed Boas" kann man nie wissen, welche Endgröße das Tier erreicht. Die Größen der Eltern geben zwar einen Anhaltspunkt, trotzdem sind mir Würfe bekannt, deren weibliche Junge bei ähnlicher Haltung Größen zwischen 2,10 und 3,40 Metern erreichten! Die Eltern dieser Nachzuchten waren ausgewachsen nur 1,80 und 2,20 m lang. Solche „Wundertüten" gibt es bei reinen Unterarten natürlich nicht.

Wer später mit seinen Tieren auch züchten möchte, dem seien Jungtiere reiner Unterarten ans Herz gelegt. Diese Tiere sind zwar etwas teurer, dafür weiß der Halter aber recht genau, welche Größe und Färbung das Tier im adulten Zustand haben wird. Für Anfänger empfehlen sich die pflegeleichteren Unterarten, seltene Unterarten mit hohen Ansprüchen an die Haltung sollten dagegen erfahrenen Haltern vorbehalten bleiben. Nachzuchten reiner Unterarten haben inzwischen häufig beinahe die gleichen positiven Eigenschaften für die Haltung im Terrarium wie Mischlinge und brauchen somit keinen oder nur einen geringen Mehraufwand. Anfänger in der Riesenschlangen-Haltung können beispielsweise mit *B. c. imperator* oder *B. c. occidentalis* sowie (für den größeren Geldbeutel) *B. c. longicauda* sehr gut ihre ersten Erfahrungen sammeln. Etwas versiertere Schlangenhalter finden unter den *B. c. constrictor* und *B. c. amarali* interessante Pfleglinge mit etwas höheren Ansprüchen, die aber durchaus ohne Probleme erfüllt werden können. Auch bei unterartenreinen Tieren ist darauf zu achten, dass der Züchter für die Vermeidung von Inzucht gesorgt hat!

Boas wachsen schnell und brauchen dann große Becken und große Futtertiere. Foto: S. Binder

Gleich, ob die Wahl auf eine Mixed-Boa oder eine reine Unterart fällt, gibt es mehrere Möglichkeiten, Boas zu erwerben. Meist führt der erste Weg in den spezialisierten Zoofachhandel. Und tatsächlich gibt es inzwischen eine ganze Reihe gut sortierter Terraristik-Fachgeschäfte, in denen kompetent beraten wird. Dort findet der Halter neben den Tieren oft auch das passende Terrarium und die nötige Technik zur Haltung von Abgottschlangen sowie Futtertiere. Doch gibt es in der Branche immer noch einige „schwarze Schafe", die unbedarften Anfängern einen mit Parasiten beladenen, dehydrierten (ausgetrockneten) Boa-Wildfang andrehen. Besuchen Sie daher am besten mehrere Geschäfte und schauen Sie sich die Unterbringungen der Tiere genau an! Adressen von Terraristik-Fachgeschäften finden Sie z. B.

durch die Inserate in der REPTILIA (s. „Adressen"), teils auch im Internet.

Mit ein bisschen Mühe lässt sich meist auch ein erfahrener Boa-Züchter in der näheren Umgebung finden, beispielsweise über die Kleinanzeigen des „Anzeigen Journals" der DGHT oder der REPTILIA. Ein Besuch beim Züchter selbst ist nämlich immer die beste Lösung beim Kauf eines Reptils! So hat der zukünftige Halter einen guten Einblick in die Haltung der Elterntiere und auch nach dem Kauf stets einen Ansprechpartner mit langjähriger Erfahrung, der bei Problemen weiterhelfen kann.

Außerdem gibt es seit einigen Jahren Reptilienbörsen, auf denen Händler und Züchter gleichermaßen nebeneinander ihre Tiere anbieten. Hier hat der Käufer eine besonders große Auswahl an Tieren und Zubehör, so dass Preise, Qualität und Gesundheit verglichen werden können. Besonders gut eignen sich manche Börsen, um Kontakte zu erfahreneren Terrarianern zu knüpfen. Allerdings hat man auf diesen Veranstaltungen natürlich nicht die Möglichkeit, die bisherigen Haltungsbedingungen der Tiere einzusehen. Termine für Reptilienbörsen werden in der REPTILIA veröffentlicht.

Bei Händlern und auf Börsen werden häufig auch Wildfänge und so genannte Farm(nach)-zuchten angeboten. Solche Tiere werden in den Heimatländern der Tiere gefangen oder geboren, unter oft üblen Bedingungen untergebracht und danach auf eine stressige Reise nach Europa geschickt. Wildfänge weisen meist Innen- und Außenparasiten auf und dehydrieren während des

In Terraristik-Fachgeschäften findet der Halter neben den Tieren auch passendes Zubehör. Foto: M. Schmidt

Der Natur entnommene Tiere bringen häufig viele Parasiten mit...   Foto: M. Schmidt

Transportes häufig. Viele Wildfänge sind sehr krankheitsanfällig und sterben nach wenigen Wochen. Die einzigen Vorteile von Wildfängen sind der (relativ) sichere Nachweis des Herkunftsgebietes der Tiere, und dass sie blutsfremd zu den schon im Terrarium befindlichen Boas sind. Dies ist auch der einzige plausible Grund für den Kauf eines Wildfangs: Die Blutauffrischung bestehender Bestände, um Inzuchtproblemen vorzubeugen. Allerdings wäre

für diesen Zweck lediglich der Import einiger weniger Tiere pro Jahr nötig!

So genannte Farmnachzuchten entstehen übrigens häufig wie folgt: Trächtige Boa-Weibchen werden von fleißigen Helfern in der Natur eingesammelt und bis zur Niederkunft notdürftig untergebracht. Die Jungen hältert man so lange, bis ausreichend Tiere für einen Flug nach Europa zusammengekommen sind, und verschickt sie dann (vgl. STÖCKL 1996). Dieses Verfahren wird Ranching genannt. Die so „produzierten" Tiere haben also gar nichts mit einer

Jungtiere klein bleibender Unterarten oder Lokalformen sind häufig der ideale Einstieg in die Boa-Haltung (hier eine juvenile *Boa c. imperator* der Hog-Island-Variante). Foto: S. Binder

Nachzucht zu tun. Häufig tragen auch diese Boas Parasiten, und den stressigen Transport mussten sie darüber hinaus hinter sich bringen wie jeder Wildfang auch.

Der Kauf von Wildfängen (und „Farmzuchten") sollte aus den genannten Gründen langjährigen Haltern mit einem großen Erfahrungsschatz vorbehalten bleiben. Für Einsteiger sind Nachzuchten meiner Meinung nach die einzig richtige Wahl!

Es ist übrigens immer am besten, Jungtiere, die schon einige Male gefressen haben, zu kaufen. Ein selbst aufgezogenes Jungtier kennt der Halter nach kurzer Zeit genau (und dieses auch ihn) und weiß, wie es reagiert. Bei einer Drei-Meter-Boa kann dieses Wissen besonders wertvoll sein!

Schließlich sollte die Boa beim Kauf natürlich keine Krankheiten aufweisen. Wie eine gesunde Boa aussieht, erfahren Sie im Kapitel „Krankheiten und Parasitosen".

Wie viele Boas?

Die Frage, wie viele Boas zusammen gehalten werden sollten, ist ein heftiger Streitpunkt unter Terrarianern. In freier Natur leben Boas eher als Einzelgänger, auch wenn manchmal mehrere Tiere in gemeinsamen Schlafunterschlüpfen gefunden wurden. Die Einzelhaltung ist für Boas also eine angebrachte Art der Unterbringung. Diese Form der Haltung hat zudem den Vorteil, dass es Krankheitserreger – bei entsprechenden Vorsichtsmaßnahmen – schwerer haben, den gesamten Bestand zu infizieren.

Die Pflege mehrerer Boas in einem gemeinsamen Terrarium entsprechender Größe ist aber durchaus möglich. Wenn die Tiere die Möglichkeit haben, sich gegenseitig aus dem Weg zu gehen, ist auch diese Art der Haltung praktikabel und stresst die Tiere nicht übermäßig. Es sollten dann aber mehrere gleichwertige Versteckmöglichkeiten angeboten werden. Allerdings ist zu beachten, dass bei einigen Boas die Separierung des Männchens vor der Paarungszeit

für eine erfolgreiche Zucht erforderlich ist! Für den Fall, dass ein Tier erkrankt, benötigt der Halter einer Boa-Gruppe außerdem stets ein Ausweich-Terrarium! Es ist also mit dem Kauf nur eines Beckens auch in diesem Fall nicht getan.

Transport nach Hause

Die erworbene Boa sollte in einem Leinensack nach Hause transportiert werden. Dieser wird dazu auf links gezogen, damit sich die Schlange nicht in den Nahtfäden verwickeln oder gar strangulieren kann. Nach der Kontrolle, ob der Kopf oder ein anderer Körperteil des zukünftigen Pfleglings nicht in diesem Bereich stecken, wird der Sack oben zugedreht und einmal umgeknickt. Dann wird der doppelt liegende Hals des Sackes mit Gummibändern oder Klebeband fixiert, so dass die Boa den Beutel während der Fahrt nicht verlassen kann. Der Sack mit der Schlange wird nun in eine thermostabile Box (z. B. aus Styropor) gelegt, in der sich zumindest bei längeren Transporten einige Luftlöcher befinden sollten. An kalten Tagen sollte sich in der Box zusätzlich eine Wärmflasche befinden, die die Transportkiste auf etwa 27 °C heizt. Am besten ist es, die Wärmflasche in einem Handtuch einzuwickeln, damit die Wärmflasche zwar die Styroporbox heizt, die Schlange sich aber nicht verbrennen kann.

Die Gemeinschaftshaltung mehrerer Boas ist durchaus möglich.
Foto: S. Binder

Artenschutz

Weniger der Fang und Handel mit lebenden *Boa constrictor*, als vielmehr die immer weiter fortschreitende Zerstörung der Lebensräume und vor allem der Handel mit Häuten sind der Grund dafür, dass diese Tierart von der Ausrottung bedroht ist. Um den Handel mit Boas und ihren Häuten einzuschränken, wurde die Abgottschlange – zusammen mit allen anderen Riesenschlangen – 1976 in den Anhang II des Washingtoner Artenschutzabkommens (WA bzw. engl.: CITES) aufgenommen. Dieses Abkommen regelt den internationalen Handel mit gefährdeten Tierarten. Die Südboa (*Boa constrictor occidentalis*) wurde sogar in die höchste Schutzkategorie gestellt, den Anhang I des WA. Beim Erwerb von *Boa constrictor* sind also die entsprechenden Regelungen zu beachten!

In der Europäischen Union gelten die EU-Artenschutzverordnung (VO (EG) Nr. 338/97) und die dazugehörige EU-Artenschutz-Durchführungsverordnung (VO (EG) 1808/2001 mit Wirkung vom 22.9.2001, davor VO (EG) Nr. 939/97), die seit 1997 die Umsetzung des WA und zusätzlich EU-interne Artenschutzziele durchsetzen sollen. Mit diesen Verordnungen wurde das WA also in europäisches Recht umgewandelt; die Arten des WA-Anhangs I wurden in den EU-Anhang A, die Arten aus WA-Anhang 2 in den EU-Anhang B gestellt. Mit der Einführung dieser Verordnungen wurde die Abgabe von Boas (mit Ausnahme der Südboa) innerhalb der EU deutlich vereinfacht, da nun keine CITES-Bescheinigungen mehr benötigt werden. Die strenger geschützten Südboas müssen zudem individuell erkennbar sein, was die Bundesartenschutzverordnung regelt, die nur in Deutschland Geltung hat (ANONYMUS 2000).

Bis vor kurzem mussten alle Boas unverzüglich (d. h. ohne schuldhaftes Verzögern) bei der zuständigen Landesbehörde (z. B. Untere Landschaftsbehörde bei Kreis, Stadt oder Regierungspräsidium) gemeldet werden, ebenso jede Bestandsveränderung, also: neu erworbene Tiere, Abgänge, Geburten, Standortverlegungen oder Todesfälle. So müssen Terrarianer mit geschützten Tieren beispielsweise auch Umzüge anzeigen und ihre Tiere entsprechend ummelden. Viele Ämter haben dafür eigene Meldebescheinigungen, die nur ausgefüllt und unterschrieben werden müssen, einige Ämter verlangen lediglich formlose Mitteilungen über Bestandsveränderungen.

Alle Boas außer *B. c. occidentalis* werden in Anhang B der EU-Artenschutzverordnung geführt (ANONYMUS 2000). Daher muss der Halter den rechtmäßigen Erwerb des Tieres nachweisen – und zwar von sich aus, denn es gilt der Grundsatz der „freien Beweisführung". Dies geschieht bei Anhang-B-Tieren im Allgemeinen mit einer „Nachzuchtbescheinigung" bzw. einer „Herkunftsbestätigung", in der Händler oder Züchter des Tieres die rechtmäßige Abstammung bestätigt. Eine solche Bescheinigung enthält stets den deutschen und wissenschaftlichen Artnamen, das Geburtsdatum und Geschlecht des Tieres sowie natürlich Name und Anschrift des Züchters und die Behörde, bei der die Schlange bis zum Kauf gemeldet war. Da die Regelungen von Behörde zu Behörde etwas anders sind, ist es sinnvoll, vor dem Kauf des ersten geschützten Tieres einmal anzufragen,

Regenwaldzerstörung in Guyana　　　　　Foto: M. Schmidt

Boa c. occidentalis wird auf Liste I des Washingtoner Artenschutzabkommens geführt. Foto: S. Binder

was zu tun ist und in welchem Umfang die Meldung ordnungsgemäß zu erfolgen hat. Züchter müssen zudem die Zuchtbuchnummer angeben. Bei Wildfängen werden zusätzlich eine Kopie der Einfuhr-CITES-Papiere oder die Einfuhrgenehmigung (Genehmigungsnummer!), Importdatum und Ursprungsland des Tieres vom zuständigen Amt gefordert. Die Kopien der Dokumente erhalten Sie vom seriösen Händler bzw. Züchter ohne Nachfrage. Alle diese Papiere und Belege müssen bis zum Tod des Tieres aufbewahrt werden.

In der Anlage 5 der Bundesartenschutzverordnung werden Arten aufgeführt, die von der Meldepflicht befreit sind, weil sie nach Meinung des Gesetzgebers so regelmäßig durch Privathalter nachgezüchtet oder legal importiert werden, dass es keinen Sammeldruck auf wild lebende Populationen gibt. In diese Anlage 5 sind 2005 auch *Boa constrictor constrictor* sowie *Boa constrictor imperator* aufgenommen worden. Das bedeutet, diese beiden Unterarten müssen der zuständigen Behörde nicht mehr gemeldet werden, es entfällt also die Anzeigepflicht bei Neukauf, Nachzuchten, Abgabe und Tod. Es sei jedoch ausdrücklich darauf hingewiesen, dass der Schutzstatus selbst erhalten bleibt. Der Tierhalter muss also auf Verlangen den

rechtmäßigen Besitz nachweisen können. Man sollte sich daher nach wie vor bei jedem Kauf auch einer der beiden genannten Unterarten eine entsprechende Herkunfts- bzw. Nachzuchtbescheinigung vom Verkäufer geben lassen und diese auch aufbewahren. Für alle anderen Unterarten von *Boa constrictor*, die nicht von der Ausnahmeregelung betroffen sind, bleibt die Meldepflicht erhalten!

Boa constrictor occidentalis wird in Anhang A geführt und fällt damit unter ein generelles Vermarktungsverbot. Daher darf die Südboa nicht ohne Genehmigung der zuständigen Behörde gehalten oder an einen anderen Standort gebracht werden. In der Praxis gelten die Einfuhrgenehmigung oder die amtlich ausgestellte Befreiung vom Vermarktungsverbot als „Haltungserlaubnis". Die Aufhebung des Vermarktungsverbotes eigener Nachzuchten ist ebenfalls meist ohne Probleme möglich. Auch hier müssen natürlich Nachweise für die rechtmäßige Nachzucht erbracht werden. Für Nachzuchttiere sollte der Züchter eine so genannte „Züchterbescheinigung" beantragen, mit der Anhang-A-Nachzuchttiere – ohne weitere behördliche Genehmigung – durch den jeweiligen Inhaber innerhalb der EU gehandelt werden können. Die Regelungen für den Nachweis des rechtmäßigen Besitzes sind natürlich die gleichen wie bei den anderen Unterarten. Weitere Informationen zum Thema Artenschutzdurchführung erhalten Sie beim Bundesamt für Naturschutz (s. „Adressen").

Für nach Anhang A der EU-Artenschutzverordnung geschützte Reptilien, also auch *Boa constrictor occidentalis*, ist die bislang vorgeschriebene Kennzeichnungspflicht durch einen Transponder entfallen. Stattdessen muss für eine Individualerkennung durch Fotodokumentation gesorgt werden. Der Halter muss seine Tiere also fotografieren. Damit das Tier auch wirklich erkannt werden kann, sollte man formatfüllende, scharfe Fotos, in der Regel von der Kopfoberseite sowie den Seiten des Kopfes anfertigen, außerdem eine Draufsicht des ersten Körperdrittels. Die DGHT hat zu diesem Thema eine Informationsbroschüre erstellt, die dort angefordert werden kann. Das genaue Vorgehen (wie viele Fotos, was soll fotografiert werden, in welchen Zeitabständen neue Fotos usw.) sollte mit der zuständigen Behörde abgesprochen werden!

Rechtliche Regelungen für die Haltung

Neben diesen artenschutzrechtlichen Regelungen unterliegt die Haltung „gefährlicher Tiere" in acht Bundesländern der BRD speziellen Regelungen, dem so genannten Gefahrenabwehrrecht (RÖSSEL 2000). Als recht groß werdende Riesenschlange fällt *Boa constrictor* in diesen Bundesländern unter die genannte, juristisch undifferenzierte Kategorie.

So sind in **Berlin** in der Verordnung „gefährlicher Tiere wildlebender Arten" sämtliche Riesenschlangen (Boidae) aufgeführt, deren Haltung danach grundsätzlich untersagt ist. Zur Erteilung einer behördlichen Haltungsgenehmigung müssen Zuverlässigkeit des Halters sowie artgerechte Unterbringung der Boas nachgewiesen werden, und es dürfen auch sonst keinerlei Tatsachen bekannt sein, aufgrund derer eine Gefährdung der öffentlichen Sicherheit anzunehmen ist. Die Genehmigung wird allerdings meist recht unbürokratisch vergeben, jedoch steht die Erlaubnis unter dem Vorbehalt des jederzeitigen Widerrufs.

Auch in **Bremen** ist die Haltung aller Boiden verboten. Eine Ausnahmegenehmigung wird nur erteilt, wenn der Antragstellende eine ausbruchssichere Unterbringung gewährleistet und die tier- und artenschutzrechtlichen Bestimmungen einhält. Zudem wird ein Nachweis der Sachkunde gefordert, der nicht einheitlich geregelt ist. So muss jede Behörde selbst entscheiden, wie die Überprüfung der Sachkunde des zukünftigen Halters von Abgottschlangen auszusehen hat. Eine Möglichkeit ist die Abnahme des Sachkundenachweises der DGHT für Terrarianer. Inzwischen werden Prüfungen für diesen Sachkundenachweis recht häufig angeboten. Informationen hierzu bekommen Interessierte bei der DGHT oder im Internet (www.sachkundenachweis.de).

In **Mecklenburg-Vorpommern** enthält das Naturschutzrecht einen Passus zur Haltung „fremder wildlebender Arten, die Menschen lebensgefährlich werden können, insbesondere von Krokodilen, Riesen- und Giftschlangen". Eigentlich sollte diese Regelung nicht für Abgottschlangen gelten,

da diese Art dem Menschen im Normalfall ja nicht lebensgefährlich werden kann. Da der Name *Boa constrictor* aber vielleicht auch bei Beamten anderes erwarten lässt, ist es in jedem Fall als nötig zu erachten, eine entsprechende Anfrage an das zuständige Amt zu stellen. In **Schleswig-Holstein** gilt ein ähnliches Landesnaturschutzgesetz, in dem die „Haltung von Tieren wildlebender Arten, die Menschen in freier Wildbahn durch Körperkraft, Gifte oder ihr Verhalten gefährlich werden können, insbesondere von Krokodilen und Giftschlangen" verboten wird. Auch wenn Riesenschlangen nicht eindeutig aufgeführt werden, sollte hier beim zuständigen Ordnungsamt nachgefragt werden.

In den Ausführungsvorschriften **Bayerns** gelten zwar Schlangen ab 3 m Länge als gefährlich, *Boa constrictor* ist aber ausdrücklich von dieser Regelung ausgenommen (RÖSSEL, pers. Mitt.). Die in **Niedersachsen** erlassene „Verordnung über das Halten gefährlicher Tiere" bezieht sich nur auf giftige Tiere und Panzerechsen. In **Sachsen-Anhalt** gilt eine entsprechende Regelung wie in Niedersachsen. Zwar hat auch das **Saarland** eine solche Verordnung, allerdings ist *Boa constrictor* in der Artenliste nicht aufgeführt, wohl aber beispielsweise alle Pythons.

Erkundigen Sie sich also schon vor dem Kauf einer Boa bei Ihrem Ordnungsamt darüber, ob die Haltung von *Boa constrictor* genehmigungspflichtig ist.

Bei Verstößen gegen geltende Regelungen kann es aufgrund einer Ordnungswidrigkeit zu einer Verhängung von Bußgeldern kommen. Außerdem haftet der Halter, wenn eine Boa ausbricht und Schaden welcher Art auch immer anrichtet. Dann können im Rahmen der „Gefährdungshaftung" sämtliche Vermögens- und Personenschäden dem Halter zur Last gelegt werden. Dies gilt bundesweit in allen Ländern, ob es eine Regelung über „gefährliche Tiere" gibt oder nicht.

Zusätzlich ist bei der Haltung von *Boa constrictor* in Mietwohnungen einiges zu beachten: Meist

ist die Haltung von Boiden ohne die ausdrückliche Genehmigung des Vermieters nicht zulässig (RÖSSEL, pers. Mitt.). Da Gerichte besonders bei Riesenschlangen sehr unterschiedlich entscheiden, sei die Aufnahme eines entsprechenden Passus in den Mietvertrag dringend angeraten!

Zusätzlich haben Halter von Boas natürlich das aktuelle Tierschutzgesetz einzuhalten, das unter anderem eine art- und verhaltensgerechte Haltung und Ernährung vorschreibt, sowie festlegt, dass der Halter eines Tieres entsprechende Kenntnisse besitzen muss. Im Bereich der Reptilien gibt es zum Nachweis dieses Wissens beispielsweise den (derzeit freiwilligen) Sachkundenachweis (Terraristik) von DGHT und VDA. Anhaltspunkte, was für eine artgerechte Haltung nötig ist, gibt das „Gutachten über die Mindestanforderungen

an die Haltung von Reptilien" (BUNDESMINISTERIUM FÜR ERNÄHRUNG, LANDWIRTSCHAFT UND FORSTEN (REFERAT TIERSCHUTZ) 1997). Das Tierschutzgesetz verbietet zudem, „Tieren ohne vernünftigen Grund Schmerzen, Leiden oder Schäden zuzufügen".

Bei der Verfütterung von Wirbeltieren (z. B. Mäusen und Ratten) an Schlangen müssen Halter zudem den § 4 des Tierschutzgesetzes („Voraussetzungen für das Töten eines Tieres") einhalten, weswegen ich zum Verfüttern von tiefgefrorenen Tieren rate. Mehr dazu im Kapitel „Ernährung". Das vollständige Tierschutzgesetz kann übrigens kostenlos beim Bundesministerium für Verbraucherschutz, Ernährung und Landwirtschaft, Referat Öffentlichkeitsarbeit, Postfach, 53107 Bonn, bestellt werden.

Die Haltung von Boas und anderen Riesenschlangen ist an Verordnungen geknüpft. Foto: S. Binder

Quarantäne

Wenn Sie bereits andere Reptilien pflegen, ist die Einhaltung einer strengen Quarantäne wichtig! Mindestens sechs Wochen, bei Wildfängen sogar drei Monate, sollten Neuankömmlinge dann in einem Quarantäneterrarium möglichst in einem sonst reptilienfreien Zimmer verbringen. Das Quarantäne-Becken wird nur mit dem Nötigsten eingerichtet, um z. B. Parasiten leichter erkennen zu können. So wird Zeitungspapier als Bodengrund gewählt, zusätzlich erhält die Quarantäne-Boa natürlich eine Wasserschale und eine Versteckmöglichkeit. Das Quarantäne-Terrarium sollte die gleichen Temperatur- und Luftfeuchtigkeitswerte aufweisen wie das Haltungsbecken. Auch wenn Boas Ihre ersten Reptilien sind, sei eine solche hygienische Unterbringung für die ersten Wochen angeraten, da so Erkrankungen viel einfacher festgestellt werden können als z. B. in einem naturnah eingerichteten Terrarium.

Während der ersten Wochen müssen Boas immer wieder untersucht werden, ob sie die einzigen Reptilien im Haus sind oder nicht. Innerhalb der Quarantänezeit werden dazu zwei Kotproben gesammelt und schnellstmöglich zur Untersuchung an ein entsprechendes Institut geschickt (s. „Adressen"). Nur auf diese Weise kann festgestellt werden, ob die neu erworbenen Boas Innenparasiten haben. Die Behandlung erfolgt dann ggf. nach Weisung. Außenparasiten können Sie meist selbst feststellen. Zecken finden sich nur bei Wildfängen, sind einfach zu finden und mit einer Pinzette recht leicht zu entfernen. Viel tückischer sind die berüchtigten Schlangenmilben. Neuankömmlinge können deren winzige Eier mit in das Becken einschleppen. Erst, wenn die Milben geschlüpft sind, fallen bei genauer Betrachtung kleine schwarze oder rote „Punkte" auf, die auf der Haut der Abgottschlange herumlaufen. Lassen Sie die neuen Boas daher regelmäßig durch ein leicht feuchtes weißes Tuch kriechen – so fallen Ihnen die Milben eher auf! Mehr zum Thema Bekämpfung von Innen- und Außenparasiten finden Sie im Kapitel „Krankheiten und Parasitosen".

Parallel werden während der Quarantäne verstärkt Anzeichen für andere Erkrankungen gesucht. Dazu gehören regelmäßige Untersuchungen des Kopfes und Maules (s. „Krankheiten und Parasitosen"). Am besten lassen Sie sich dabei von einem erfahrenen Halter helfen, denn der erkennt Anzeichen z. B. für Mundfäule meist recht schnell.

Leider kann auch nach einer langen Quarantäne ohne Symptome nicht ausgeschlossen werden, dass die Boa trotzdem eine Erkrankung wie beispielsweise IBD trägt (s. „Krankheiten und Parasitosen"). Allerdings ist die Quarantäne ein probates Mittel zur Vermeidung von Bestandsseuchen, die durch ein- und mehrzellige Parasiten bzw. Bakterien ausgelöst werden.

Im Quarantänebecken (hier für *Boa c. nebulosa*) ist Zeitungspapier aus Hygienegründen das geeignetste Bodensubstrat. Foto: B: Love/Blue Chameleon Ventures

Haltung und Pflege

Nach der Quarantäne kann die Boa nun endlich in das vorbereitete Terrarium einziehen. In einem solchen Terrarium soll durch diverse technische Hilfsmittel ein kleines Biotop entstehen, in dem die Klimadaten der Herkunftsregion Ihrer Boa imitiert werden. Solch ein Kleinklima dauerhaft so einzustellen, dass sich Abgottschlangen darin wohl fühlen und sich sogar vermehren, ist gar nicht so einfach und fordert einiges an Fingerspitzengefühl.

Es gibt sehr viele unterschiedliche Wege und Methoden in der Haltung dieser Riesenschlange, von der strikt hygienischen Haltung in einem Schlangenzimmer bis zum liebevoll naturnah eingerichteten Wohnzimmerterrarium habe ich schon alles gesehen – und etliche brachten durchaus gute Erfolge! Ich möchte in diesem Buch einige solcher Wege aufzeigen, die recht häufig der Grundstein einer erfolgreichen Haltung von Boas waren – bei anderen Haltern ebenso wie bei mir selbst. Ich empfehle Anfängern aber stets, sich die Terrarien mehrerer erfahrener Halter anzusehen und aus diesen Eindrücken eine eigene Methode zu entwickeln, denn jede Haltungsart hat Vor- und Nachteile.

Boa-Terrarien

Das Boa-Terrarium muss vor allem passend in Sachen Beheizung und Belüftung sowie natürlich ausbruchssicher sein. Gerade dem letzten Punkt wird selten genügend Aufmerksamkeit geschenkt, was zu teilweise tagelangen Suchaktionen (zumindest bei kleineren Boas) führen kann. Ich empfehle daher, stets ein Terrarienscheiben-Schloss zu installieren und vor dem Erstbezug die Lüftungsflächen auf Festigkeit zu testen. Außerdem sollten eventuelle Löcher in der Terrarienrückwand, durch die Kabel geführt werden, auch wegen des Verletzungsrisikos mit Silikon verschlossen werden.

Ist das Becken „dicht", kann es an die Ausstattung mit Technik und Einrichtungsgegenständen sowie die ersten Testläufe gehen, bei denen untersucht wird, ob das Becken die erforderlichen Klimawerte erreicht und hält.

Doch wie groß sollte das Terrarium überhaupt sein? Anhaltspunkte für diese schwierige Frage gibt das 1997 veröffentlichte „Gutachten über

Das Boa-Terrarium soll ein Miniatur-Biotop für die Schlangen sein. Foto: S. Binder

Boa-Terrarien (hier für junge *Boa c. constrictor*) müssen den Ansprüchen der Tiere gerecht werden. Foto: S. Binder

die Mindestanforderungen an die Haltung von Reptilien" vom BUNDESMINISTERIUM FÜR ERNÄHRUNG, LANDWIRTSCHAFT UND FORSTEN (REFERAT TIERSCHUTZ) (1997). Das Gutachten charakterisiert die Riesenschlangen als wenig bewegungsaktive Lauerjäger, die dementsprechend mit vergleichsweise kleinen Terrarien auskommen. Die Maße im Gutachten werden immer als **Faktor der Gesamtlänge** (Länge x Breite x Höhe) der bewohnenden Tiere angegeben. Für Abgottschlangen unter 1,50 m Gesamtlänge reicht ein Terrarium von 1,0 x 0,5 x 0,75 (multipliziert mit der

Holzterrarium für juvenile Boas   Foto: S. Binder

Körperlänge der Schlangen) für zwei Tiere. Das bedeutet: Zwei Boas mit 1,20 m Körperlänge müssen nach diesem Gutachten ein Terrarium in der Größe von mindestens 1,20 x 0,60 x 0,90 m bekommen. Für Boas über 1,50 m gelten die Faktoren 0,75 x 0,5 x 0,75. Ein Pärchen 3-m-Boas benötigt also mindestens ein Terrarium mit den Maßen 2,25 x 1,50 x 2 m (eine Höhe von 2 m soll nicht überschritten werden).

Bis auf die Höhenangaben sind diese Werte sicher nicht übertrieben. Ich halte es allerdings für gefährlich, Boas in Becken zu halten, deren Höhe 1,50 Meter überschreitet, da sich die Tiere bei (vorprogrammierten) Stürzen aus dieser Höhe schwere Rippenbrüche und andere innere Verletzungen zuziehen können. Erfolgreiche Züchter, vor allem in den USA, ziehen ihre Tiere zwar in weitaus kleineren Becken erfolgreich nach – dies ist aber kein Beweis für eine tiergerechte Unterbringung! Vor allem sollen die genannten Maße zeigen, welche Platzansprüche Boas als Adulti stellen. Dies sei jedem Einsteiger in die Haltung von Boas bewusst, denn groß werden Boas bei guter Haltung schneller, als man denkt!

Es ist übrigens sinnvoll, wenn das Becken mit den Boas wächst. Zwei 50 cm lange Jungtiere direkt in ein 2 m langes Terrarium zu setzen, führt zu etlichen Problemen. Zunächst einmal ist es schwierig, die Schlangen überhaupt aufzufinden und somit auch

optisch auf ihren Gesundheitszustand zu kontrollieren. Außerdem zeigen Erfahrungen vieler Halter, dass Schlangen in „zu großen" Becken dazu neigen, schlechter Nahrung anzunehmen. Somit sollte sich ein Boa-Halter mit dem Gedanken anfreunden, dass die Boa innerhalb der ersten drei bis fünf Jahre mindestens dreimal „umziehen" muss.

Stehen die Maße des Boa-Terrariums fest, muss noch die Materialfrage geklärt werden. Am einfachsten ist es, ein Glasterrarium zu kaufen. Diese Becken sind im Fachhandel inzwischen recht günstig zu bekommen und eignen sich zumindest für kleinere Boas recht gut. Glasterrarien haben meist vorne unten und hinten oben Lüftungsflächen, die im Allgemeinen aus Aluminiumlochblech hergestellt sind. Zusätzlich befindet sich in einer der hinteren Ecken normalerweise eine Lochbohrung oder Ähnliches, durch die benötigte Kabel geführt werden können.

Allerdings haben Glas-Terrarien immer den Nachteil, dass sie schwer zu beheizen sind, da Glas ein schlechter Isolator ist. Ich empfehle daher, das Becken zumindest von unten und hinten mit Styropor zu verkleiden, da sonst selbst wattstarke Heizelemente das Becken nur schwerlich auf die richtige Temperatur bringen können. Ein weiterer Nachteil dieser Becken ist die meist zu große Lüftungsfläche in der Decke des Terrariums, so dass ein Teil abgedichtet, z. B. mit einer kleinen Glas-

Zahl der Tiere	Alter	Maximale Körpergröße	Beckengröße
1	bis 1 Jahr	ca. 100 cm	100 x 50 x 80 cm
1	2–3 Jahre	ca. 150–180 cm	120 x 80 x 100 cm
1	über 3 Jahre	bis 300 cm	220 x 120 x 150 cm
2	bis 1 Jahr	ca. 100 cm	100 x 50 x 80 cm
2	2–3 Jahre	ca. 150–180 cm	150 x 80 x 120 cm
2	über 3 Jahre	bis 300 cm	260 x 120 x 150 cm
4	bis 1 Jahr	ca. 100 cm	150 x 50 x 80 cm
4	2–3 Jahre	ca. 150–180 cm	200 x 80 x 120 cm
4	über 3 Jahre	bis 300 cm	350 x 150 x 150 cm

Typische Terrariengrößen für die Haltung von *Boa constrictor* (*B. c. imperator* und „Mixed Boas") mit einer durchschnittlichen „Endgröße" von etwa 3 m. Für größere Formen oder Unterarten (z. B. *B. c. constrictor* und *B. c. occidentalis*) müssen etwa 30 % zusätzlicher Platz eingeplant werden, während klein bleibende Formen (z. B. Hog-Island- oder Mexiko-Varianten) letztlich durchaus mit 30 % weniger Platz auskommen können.

scheibe zugeklebt werden muss. Auf diese Weise wird die Lüftung so herabgesetzt, dass eine gute Luftfeuchtigkeit erreicht wird.

Glasterrarien sind auf den ersten Blick leicht sauber zu halten, allerdings hat man bei der Pflege von Boas oft durch das regelmäßige Versprühen größerer Mengen von Wasser Kalkablagerungen an den Glasflächen. Abhilfe können hier das Versprühen von Regenwasser (kein destilliertes Wasser!) oder das Bekleben der Scheiben mit Rückwänden (aus Kork, Rinde usw.) schaffen; allerdings sind die „Unebenheiten" der Rückwände häufig nur schwer zu reinigen bzw. zu desinfizieren, was besonders bei Parasitenbefall zu Problemen führen kann.

Ein zweite Möglichkeit, Boas unterzubringen, ist ein Holzterrarium. Spätestens, wenn das erste Großterrarium von über 1,50 m Länge angeschafft wird, wählen viele Terrarianer ein Holzterrarium. Leider gibt es bisher nur wenige Hersteller solcher Becken, so dass der Boa-Halter entweder selbst zu Bohrmaschine und Schraubendreher greifen oder eine Tischlerei mit dem passgenauen Bau beauftragen muss. Holzterrarien werden meist aus wasserfest verleimten Span- oder Tischlerplatten gebaut, was der Grund dafür ist, dass diese Becken recht schwer sind. Allerdings wird ein Becken dieser Größe ja eher selten regelmäßig herumtransportiert...

Auch Holzbecken sind sehr dicht, wenn die inneren Kanten mit Silikon ausgespritzt wurden. Durch eine Verleimung der Platten beim Zusammenbau kann zusätzliche Dichtigkeit erreicht werden. Im Gegensatz zu Glas isoliert Holz recht gut, so dass im Vergleich des Energieverbrauchs immer das Holzbecken besser abschneidet. Die glatten Flächen kunststoffbeschichteter Spanplatten lassen sich zudem ebenso gut sauber halten. Bei besonders großen Terrarien ist – bei ordnungsgemäßem Bau – zudem die Stabilität von Holzbecken deutlich besser, und der Halter hat deutlich weniger Probleme, Einrichtungsgegenstände und Terrarientechnik im Terrarium zu befestigen. Ein weiterer Vorteil ist die Optik des hölzernen Boa-Habitats: Durch eine passende Auswahl des verwendeten Holzes bzw. der Beschichtung kann sich ein solches Terrarium sehr gut in die restliche Wohnungseinrichtung einfügen.

Nicht jedermanns Sache sind so genannte „Halbzimmerterrarien". Bei dieser Methode wird das sehr große Terrarium direkt an die Wände eines Zimmers oder in eine Nische eingebaut (s. BINDER & LAMP in Vorb.). Auch hier ist der Werkstoff Holz (Spanplatten); er wird mit Hilfe von Dachlatten auf die Wand aufgeschraubt, zusätzlich kann Dämmmaterial eingebracht werden. Der Vorteil dieser Methode ist, dass der Halter auf diese Weise ein sehr großes, begehbares Terrarium erhält, das mit relativ wenig Energie zu beheizen ist. Allerdings sind solche Becken oft schwer sauber zu halten, und es kann wegen der Beckenhöhe bei den Tieren zu Problemen durch Stürze kommen.

„Halbzimmerterrarien" sind nicht jedermanns Sache.   Foto: S. Binder

Umgebaute Aquarien oder Plastik-Terrarien („Fauna Boxen") eignen sich für die dauerhafte Haltung von Boas natürlich nicht, jedoch können zumindest „Fauna Boxen" bei der Aufzucht einer großen Zahl Jungtiere recht gute Dienste leisten.

Beleuchtung

Wie bereits erwähnt, sind Boas dämmerungs- und nachtaktive Tiere, die somit keine größeren Ansprüche an die Beleuchtung stellen. Boas benötigen also keinen UV-Anteil im Licht wie etwa tagaktive Echsen oder Schildkröten. Die meisten Boa-Halter verwenden daher handelsübliche Leuchtstofflampen. Ich empfehle trotzdem, so genannte „Tageslichtröhren" zu benutzen, da durch eine solche Beleuchtung die Farben der Tiere viel besser zur Geltung kommen. Die Beleuchtung im Boa-Terrarium sollte zwölf bis 13 Stunden im Betrieb sein, bei Unterarten aus den äquatorferneren Gebieten ist zudem auf einen jahreszeitlichen Verlauf der Beleuchtung zu achten (s. „Zucht"). Zur Steuerung der Lichtperioden im Terrarium haben sich Zeitschaltuhren bewährt.

Welche Beleuchtung auch gewählt wird, es ist extrem wichtig, die Lampe vor neugierigen Untersuchungen der Boas z. B. durch eine Drahtabdeckung zu schützen. Schon oft fanden Halter von *Boa constrictor* eines Morgens eine implodierte Leuchtstoffröhre, weil sich nachts die 5 kg schwere Schlange zwischen Röhre und Halterung gequetscht hatte. Man glaubt gar nicht, welche Entfernungen eine Boa von einem Kletterast bis zur Lampe überwinden kann! Bei anderen Leuchtmitteln, wie etwa Halogenstrahlern, besteht zudem die Gefahr, dass sich die Schlangen an der Lampe verbrennen. Werden die Boas täglich überbraust, sollte aus Sicherheitsgründen eine spritzwassergeschützte Lampenhalterung installiert werden. Bei Glasterrarien empfiehlt es sich, die Lampe über dem Becken anzubringen, so dass die Boas erst gar nicht herankommen.

Beheizung

Boas sind – wie alle Reptilien – wechselwarme Tiere und somit auf eine adäquate Außentemperatur angewiesen. Nur, wenn diese Temperatur günstig ist, kann sich die Abgottschlange so weit aufwärmen, dass ihr Kreislauf auf Touren kommt und Verdauung oder Bewegungen optimal ablaufen. Eigentlich kommt es aber nicht auf „eine" Temperatur an, denn für die Haltung wird ein Terrarium mit einem Temperaturgefälle benötigt. In diesem Zusammenhang versteht es sich von selbst, dass in jedem Boa-Terrarium mindestens ein Thermometer angebracht sein sollte, besser zwei (z. B. in gegenüberliegenden Ecken), um den „Verlauf" des Temperaturgefälles zu messen.

Um das Temperaturgefälle zu erzielen, wird in einer Ecke des Terrariums ein so genannter „hot spot" eingerichtet. Hier entsteht durch einen Strahler, eine Heizmatte oder das Zusammenspiel von beiden eine Fläche mit besonders hohen Temperaturen. In diesem Teil des Terrariums wird also das Temperaturmaximum erreicht, das durchaus zwischen 35 und 38 °C (gemessen am Terrarienboden) liegen sollte. Der „hot spot" dient den Schlangen als „Aufwärmpunkt". So suchen Boas am Tage und vor allem zum Beginn der Aktivitätsphase, also in der Dämmerung, diese Stelle auf, um ihren Körper wieder auf die optimale Temperatur zu bringen. Ein Tipp: Richten Sie den „hot spot" an einer Stelle im Terrarium ein, die gut einsehbar ist, denn dort werden Sie Ihre Tiere recht häufig beobachten können.

In der gegenüberliegen Ecke des Terrariums wird keinerlei Heizung installiert, so dass hier der kühlste (aber nicht kalte) Punkt des Terrariums zu finden ist. Dort sollte eine Bodentemperatur von etwa 24–27 °C herrschen. Zwischen diesen beiden extremen Temperaturzonen entwickelt sich automatisch ein Temperaturgefälle, und zwar nicht nur am Boden, sondern in abgeschwächter Form auch in der Luft. Das Temperaturgefälle im Terrarium ist eine wichtige Voraussetzung für eine erfolgreiche Haltung von Abgottschlangen, denn nur so haben die Tiere die Möglichkeit, sich stets der Temperatur auszusetzen, die für sie gerade passend ist. Diese Vorzugstemperaturen ändern sich nicht nur im Verlauf des Tages, sondern auch dem des Jahres. So sind Boas, die gerade gefressen haben oder trächtig sind, vor allem in den wärmeren Zonen des Beckens anzutreffen und liegen teilweise tagelang in der Nähe des „hot spots". Tiere, die längere Zeit keine Beute machten, verlegen ihren „Lieblingsplatz" hingegen häufig in kühlere Verstecke. Dies ist ein natürliches Verhalten, das sich in einem Terrarium mit Temperaturgefälle sehr gut beobachten lässt!

Wie bereits erwähnt, darf das Temperaturgefälle nicht ausschließlich am Boden auftreten. Einer der häufigsten Anfängerfehler liegt darin, ausschließlich in einem Teil des Terrariums eine Bodenheizung zu installieren. Dies reicht für die Haltung von Boas aber nicht aus! Denn die hohen Temperaturen im Terrarium sind nicht nur wichtig, um den Boa-Körper zu erwärmen, sondern

Zur Beheizung der Luft im Boa-Terraium eignen sich Elstein-Strahler sehr gut. Foto: S. Binder

verhindern auch Erkrankungen der Atemwege, die allzu häufig durch zu kalte Atemluft ausgelöst werden. Übrigens ist auch eine dauerhaft zu hohe Temperatur für die Terrarieninsassen schädlich – es kann in solchen Fällen zu Kreislaufversagen kommen. Daher sollte die Temperatur des Terrariums täglich kontrolliert werden!

Besondere Aufmerksamkeit muss also auch den Lufttemperaturen (sprich: der Atemluft) geschenkt werden. Tagestemperaturen von 26–29 °C und nächtliche

Heizschlangen können Boiden gefährlich werden, wie die Verbrennungen dieser Regenbogenboa (*Epicrates cenchria*) zeigen. Foto: S. Binder

Temperaturen von 24–25 °C eignen sich für Haltung aller Unterarten von *Boa constrictor*. Diese Lufttemperatur wird am einfachsten mit Hilfe eines elektronischen Thermostaten (mit automatischer Nachtabsenkung) eingestellt, der im Zoofachhandel erhältlich ist.

Den „hot spot" richtet man am besten durch die Installation einer Bodenheizung ein. Im Fachhandel werden zwei verschiedene Typen von Bodenheizungen für Terrarien angeboten, nämlich Heizschlangen aus Silikon und Heizmatten. Um eines klar herauszustellen: Heizschlangen sind für die Erwärmung des Boa-Terrariums eigentlich nicht geeignet. Das Problem besteht nämlich darin, dass sie sehr heiß werden, so dass Glas platzen und bei der Verlegung auf Holz sogar erhöhte Brandgefahr bestehen kann. Da Boas gelegentlich zum Graben neigen, kam es schon häufig vor, dass sich die Tiere unter den Heizungsschlingen eingruben und schwere Verbrennungen erlitten.

Dieses Problem besteht bei den wasserfest eingeschweißten Heizmatten im Allgemeinen nicht. Diese Heizungen produzieren auf einer breiten Fläche eine angenehme Temperatur von etwa 35–45 °C (je nach Modell und Wattstärke), was sie zu einer idealen Bodenheizung für *Boa constrictor* macht. Einige Modelle dieser Heizmatten können

unter das Terrarium geklebt werden, was natürlich nur bei Glasterrarien funktioniert. Energetisch günstiger ist jedoch die Installation direkt im Becken, was bei Holzterrarien ohnehin die einzige Möglichkeit ist.

Die Bodenheizung sollte etwa ein Drittel der Bodenfläche des Terrariums bedecken, so dass das erwähnte Temperaturgefälle entstehen kann. In diesen Teil des Boa-Beckens kann auch die Badeschale gestellt werden, die auf diese Weise automatisch mitgeheizt wird, so dass stets leicht angewärmtes Wasser zur Verfügung steht.

Es ist aber kaum möglich, die Luft ausschließlich über Bodenheizungen auf die erforderlichen Werte zu erwärmen. Daher hat sich in der Haltung von Boas der Einsatz von so genannten „Elsteinstrahlern" (keramische Infrarotstrahler) durchgesetzt. Diese Birnen geben lediglich Wärme ab, produzieren also kein Licht und können somit auch nachts eingesetzt werden. Der Nachteil der Elsteinstrahler ist die immense Hitze, die die Strahler selbst erreichen. Daher ist es absolut notwendig, die Schlangen vor dem Kontakt mit diesen Lampen zu schützen! Dies geschieht am einfachsten durch einen Drahtkorb (mit genügend engen Maschen!), der um die aus Keramik gefertigte Lampenhalterung und Birne befestigt wird. Es reicht, wenn der Abstand zwischen Birne und Korb rundherum etwa 5 cm beträgt, dann wird der Draht nicht so heiß, dass es zu Verbrennungen kommen kann. Dieser Elsteinstrahler kann mit dem Thermostaten gekoppelt werden und schaltet sich somit nur ein, wenn die Temperatur unter den eingegebenen Wert (also bspw. 27 °C) fällt. Für kleinere Terrarien reichen meist Strahler mit einer Wattstärke von 60 oder 100 W, größere Terrarien benötigen Strahler mit 150 W. Es ist dabei grundsätzlich besser, mehrere Elsteinstrahler mit kleiner Wattstärke zu benutzen, als einen mit großer.

Für Großterrarien, wie Halbzimmerterrarien, werden gelegentlich Schnellheizlüfter für die Erwärmung des großen Luftraumes benutzt. Diese Heizlüfter leisten zwar in Sachen Lufttemperatur gute Dienste, produzieren aber meistens eine sehr trockene Luft, die den Tieren schaden kann (vgl. nächstes Kapitel).

Luftfeuchtigkeit und Belüftung

Ein weiterer wichtiger Punkt bei der Haltung von *Boa constrictor* ist die Luftfeuchtigkeit als zweiter Faktor des einzustellenden Klimas im Terrarium. Auch hier gilt es, die natürlichen Bedingungen möglichst gut zu imitieren. Um die Luftfeuchtigkeit genauer überprüfen zu können, wird im Terrarium stets ein Hygrometer installiert, auf dem die Luftfeuchtigkeit in Prozent abgelesen werden kann.

Eine im Vergleich zum Wohnungsraum erhöhte Luftfeuchtigkeit erreicht man im Terrarium vor allem durch regelmäßiges Übersprühen. Dabei wird das gesamte Becken, vor allem aber der Bodengrund mit warmem Wasser aus einer im Gartenfachhandel erhältlichen Blumen-Sprühflasche mit Wasser benetzt. Man sollte allerdings darauf achten, die Boas nicht direkt anzusprühen. Der Boden darf nach dieser Prozedur nicht völlig nass, sondern lediglich oberflächlich feucht sein.

Badeschalen spielen auch bei der Regelung der Luftfeuchtigkeit eine wichtige Rolle.   Foto: S. Binder

Die Häufigkeit des Sprühens ist bedingt durch die Bauart des Terrariums. Meist reicht es, morgens das ganze Becken einmal einzunebeln, um den restlichen Tag eine (stetig leicht nachlassende) passende Luftfeuchte zu erreichen. Bei größeren Lüftungsflächen kann auch ein täglich zweimaliges Sprühen sinnvoll sein.

Im Boa-Terrarium sollte grundsätzlich ein durchschnittlicher Wert von 65–70 % Luftfeuchtigkeit eingestellt werden. Es ist erstaunlich, welchen Schwankungen dieser Wert im Lauf des Tages unterworfen sein kann. Nicht nur das Übersprühen sorgt für einen Anstieg der Luftfeuchtigkeit, auch eine auf die Bodenheizung gestellte Badeschale beeinflusst diesen Klimawert. Kurzzeitiges (!) Ansteigen oder Abfallen der Luftfeuchtigkeit schaden den Tieren aber nicht. Vor dem Erstbesatz eines Terrariums ist es unerlässlich, den Verlauf der Luftfeuchtigkeit innerhalb eines Tages zu verfolgen und ggf. häufiger zu sprühen oder die Lüftungsflächen zu verkleinern.

Professioneller als das Besprühen ist der Einbau einer Beregnungsanlage oder eines kleinen Wasserlaufs mit Wasserfall. Bei Letzterem sei aber daran gedacht, dass Boas gerne im Wasser liegen und dort auch koten – was der Pumpe einige Probleme bereiten könnte. Zum Thema Beregnungsanlage berät Sie der Fachhandel sicherlich bereitwillig.

Die Luftfeuchtigkeit wird natürlich durch die Belüftung des Terrariums beeinflusst. Bei Boas gilt es, vor allem Zugluft zu vermeiden. Allerdings muss gleichzeitig durch entsprechende Lüftungsflächen verhindert werden, dass die Luft „steht" und somit kein Luftaustausch mehr mit der Umgebung stattfinden würde.

Um den gewünschten geregelten Luftaustausch zu gewährleisten, reicht es in normalen Wohnräumen, wenn das Boa-Terrarium an der Vorderseite und oben jeweils Lüftungsflächen aufweist, die etwa 3–5 % der Gesamtfläche dieser Terrarienseiten entsprechen. Dies ist auf den ersten Blick nicht viel, größere Lüftungsflächen wären aber für den Aufbau einer angemessenen Luftfeuchte ungeeignet. Ganz auf Lüftungsflächen zu verzichten, halte ich für fahrlässig, da schnell Schwitzwasser entstehen kann. Solche Staunässe fördert das Wachstum von Schimmelpilzen und bietet Bakterien einen idealen Nährboden. Außerdem würde es wahrscheinlich vor allem Anfängern schnell passieren, dass bei den notwendigen Lüftungen des Beckens die Boa in einem unbeobachteten Moment entkommt.

Bei handelsüblichen Glasterrarien sind die Lüftungsflächen mit 5–10 % der Front- und Oberseite des Terrarium meist etwas zu groß. Daher empfiehlt es sich, zumindest einen Teil der oberen Lüftungsfläche abzudecken, um so den Luftstrom zu reduzieren.

Bodengrund

Der richtige Bodengrund für ein Boa-Terrarium ist ein häufiger Streitpunkt unter Terrarianern. Dies liegt daran, dass zwei völlig unterschiedliche Konzepte aufeinanderprallen. Zum einen gibt es die Pfleger, die ihren Schlangen ein Stückchen süd- oder mittelamerikanischen Regenwald nachbauen möchten und dazu naturnahe Bodensubstrate verwenden. Auf der anderen Seite gibt es Großzüchter und Halter vieler Schlangen, die stets zu einer betont hygienischen Pflege bspw. auf Papier raten würden. Beide Wege sind bei der Haltung von Boas praktikabel, es kommt immer darauf an, welche Ansprüche der Terrarianer an den Bodengrund seines Boa-Terrariums stellt.

Befürworter der Pflege auf Zeitungspapier haben in ihren Terrarien natürlich den Vorteil einer geradezu vorbildlichen Hygiene. Jegliche Ausscheidungen der Boas können auf dem Zeitungspapier schnell erkannt und zusammen mit dem gesamten Bodenbelag entfernt werden. Dies ist eine sehr reinliche Haltung, die allerdings optisch zu wünschen übrig lässt. Sicherlich findet sich kaum ein Schlangenfreund, der sich ein Terrarium für *Boa constrictor* ins Wohnzimmer stellt und lediglich Papier als Bodenbelag nutzt. Für große Zuchten in eigenen Schlangenräumen mag diese Methode aber sicherlich o. k. sein. Allerdings sollte bei einer derartigen Pflege immer darauf geachtet werden, dass der Terrarianer häufiger sprühen

Kleintier-Einstreu ist auch als Bodengrund für Boas (hier eine *Boa c. constrictor*) geeignet. Foto: S. Binder

muss, da das Papier nur wenig Feuchtigkeit aufnehmen und halten kann. Aus diesem Grund empfehle ich, Frottee-Handtücher als hygienischen Bodenbelag einzusetzen. Abgesehen von der etwas besseren Optik können diese Tücher sehr gut Wasser aufnehmen und langsam wieder abgeben, was zu einer deutlichen Verbesserung des Terrarienklimas führt. Die Handtücher lassen sich mitsamt den Ausscheidungen der Boas herausnehmen, waschen und wiederverwenden. Die beiden genannten Alternativen zur hygienischen Bodengestaltung haben den Nachteil, dass die Boas in einem solchen Becken nicht graben können, außerdem werden Papier oder Tücher gerne umhergeschoben, so dass die Schlangen dann häufig auf dem nackten Terrarienboden liegen – und dort auch koten.

Zwischen betont hygienischer Haltung und natürlicher Terrariengrundgestaltung steht der Einsatz von Kleintier-Einstreu. Auf diesen Hobelspänen aus Weichholz sieht man den Kot der Schlangen recht gut und kann ihn mit einer kleinen Schaufel schnell herausnehmen. Auch der Wechsel des gesamten Bodengrundes, der etwa alle vier bis acht Wochen stattzufinden hat, ist bei dieser Einstreu einfach und kostengünstig zu bewältigen. Die Saugfähigkeit des Materials ist ausreichend, so dass dieser Bodengrund ebenfalls bei der Einstellung der Luftfeuchtigkeit gute Dienste leisten kann. Nachteilig ist allerdings, dass die Kleintier-Einstreu beim Füttern der Boa häufig an den Futtertieren kleben bleibt, und die Boa sie dann entweder mitfrisst oder sich nach der Fütterung noch Reste der Einstreu im Maul der Boa befinden. Darüber hinaus staubt sie häufig recht stark, was zu Irritationen der Atemwege der Schlange führen kann.

Deutlich schöner anzusehen ist sicherlich ein naturnaher Bodengrund. Hier werden im Allgemeinen Torf und/oder Rindenmulch benutzt. Bei Torf ist darauf zu achten, dass es sich nicht um gedüngtes Material oder gar Blumenerde handelt.

Rindenmulch ist in seiner Zusammensetzung zwar sehr grob und verbreitet in den ersten Wochen einen recht unangenehmen Geruch, hat jedoch den klaren Vorteil, dass die enthaltenen Huminsäuren bakterizid wirken. Daher verwende ich in natürlich eingerichteten Terrarien immer eine Mischung aus Torf und Rindenmulch (3:1). An Stelle des Torfs kann auch Kokosfaser treten, die als so genannte Briketts im Terraristik-Fachhandel erhältlich ist. Kokosfaser speichert – genauso wie Torf – sehr gut Feuchtigkeit.

Ein Nachteil dieses Bodengrunds ist seine Farbe: Einerseits wirkt der dunkle Boden zwar optisch sehr gut und erinnert an den natürlichen Regenwaldboden, allerdings sind Ausscheidungen der Tiere eher schwer zu entdecken, so dass die tägliche „Kot-Inspektion" durch diesen Bodengrund verlängert wird.

Einrichtung

Der interessanteste Teil beim Aufbau eines neuen Abgottschlangen-Terrariums ist die Inneneinrichtung. Dabei kann der Halter seiner Kreativität freien Lauf lassen – fast zumindest. Denn einige Grundregeln sollten eingehalten werden, damit das Terrarium nicht nur „schön", sondern auch praktisch eingerichtet ist und keine Gefahrenquelle für die Boas darstellt.

Zur Grundausstattung gehören folgende Gegenstände: Eine Wasserschale, mindestens eine Versteckmöglichkeit pro Boa und einige Kletteräste in ausreichender Stärke. Die Wasserschale steht am besten auf der Bodenheizung, damit das Wasser ständig gewärmt zur Verfügung steht. Die Ausmaße dieser Schale sind so zu wählen, dass eine Boa ohne Probleme darin Platz findet. Am besten füllt man sie nicht bis zum Rand, denn sonst

Eine Torf-Rindenmulch-Mischung ist wohl die beste Einstreu für Boas. Foto: E. Tersteeg/A. Lamp

Kletteräste gehören in jedes Boa-Becken. Foto: S. Binder

Versteckmöglichkeiten in Form von Korkrinde werden gerne angenommen.

Foto: S. Binder

Kunststoffpflanzen eignen sich für die Dekoration von Boa-Terrarien sehr gut.

Foto: S. Binder

führt das gelegentliche Bad der Abgottschlange sofort zu einer Überschwemmung im Becken. Die Badeschale sollte natürlich standfest sein. Daher kommen vor allem Keramikgefäße zum Einsatz oder solche aus Plastik, die durch einen Stein beschwert werden. Nichts ist unpraktischer als eine zu leichte Badeschale, die ständig von den Boas durch das gesamte Terrarium geschoben oder gar umgekippt wird!

Die Versteckmöglichkeiten für Boas können aus verschiedensten Materialien bestehen. Bei der hygienischen Haltung kommen häufig Keramikschalen mit Loch zum Einsatz. Auch Plastikschalen oder Decken haben sich bewährt. Mehr etwas „für´s Auge" sind Verstecke aus halbierten Korkröhren oder beispielsweise Baumstubben. Diese müssen jedoch vor dem Einsatz im Terrarium sterilisiert werden, um keine schädlichen Mikroorganismen oder Parasiten einzuschleppen. In Holzterrarien ist zudem der Befall von Holzwürmern, die durch solche Gegenstände eingebracht wurden, ein großes Ärger-

nis! Die Sterilisation kann im Backofen (ca. 15 min. bei 200 °C) oder bei kleineren Gegenständen auch in der Mikrowelle erfolgen. Besonders große Verstecke oder Kletteräste können durch den Einsatz von Heißluft-Fön oder Dampfdruck-Reiniger zumindest möglichst hygienisch gehalten werden.

Kletteräste sind wenigstens für kleinere Boas bis etwa 2 m Größe essenziell. Wie im Kapitel „Biologie" beschrieben, klettern nämlich junge Boas gerne. Die Äste sind so zu wählen, dass sie die Boas problemlos tragen können. Außerdem ist es wichtig, die Äste sicher anzubringen, was in Glasterrarien nicht leicht zu erreichen ist. Abhilfe schaffen hier mit Silikon angeklebte Metallhalterungen, in die die Klettermöglichkeiten eingehängt werden. In Holzterrarien genügt es, den Ast einfach mit einer passenden Schraube in den Terrarienwänden zu verankern. Noch ein Tipp: Bringen Sie die Äste nicht so an, dass sie eine Einladung für das Bekriechen der Lampen im Terrarium sind!

„Balkone" werden von Boas recht häufig genutzt.   Foto: S. Binder

Kletteräste müssen stark genug sein, um die Abgottschlangen zu tragen.
Foto: S. Binder

Zusätzlich zu den Ästen können auch noch Plattformen („Balkone") im Becken installiert werden. Besonders beliebt sind solche Liegeflächen in der Nähe des Heizstrahlers. In diesem Fall kann man die Boas vor allem am frühen Morgen häufig auf dem „Balkon" beim Sonnenbad beobachten. Einige Halter positionieren auch abnehmbare Versteckmöglichkeiten auf den erhöhten Liegeflächen. Dabei muss aber auf eine sehr sichere Fixierung geachtet werden, so dass die Schlangen diese nicht herunterwerfen können.

Natürlich lassen sich auch weitere optisch reizvolle Strukturelemente ins Becken einbringen. Dazu gehören Steine, ein kleiner Wasserfall oder eine gestaltete Rückwand. In jedem Fall sollte aber auf die Möglichkeit der relativ leichten Sauberhaltung dieser Gegenstände geachtet werden – und natürlich darauf, dass sie keine Verletzungsgefahr durch scharfe Kanten oder Ähnliches darstellen. Auf echte Pflanzen verzichte ich grundsätzlich in meinen Boa-Becken. Ich habe die Erfahrung gemacht, dass die Pflanzen es nicht lange in der

Gesellschaft zumindest von größeren *Boa constrictor* aushielten. Durch Überkriechen oder Untergraben ließen viele ihr Leben im Boa-Terrarium. Das ist schade, da Pflanzen für einen (geringen) Anstieg der Luftfeuchtigkeit sorgen, zumindest, wenn man sehr viele davon im Becken platziert. Um den optischen Effekt der Bepflanzung trotzdem zu erreichen, gibt es im Terraristik-Fachhandel Plastikpflanzen – und die können auch ohne Weiteres beklettert werden!

Handhabung von Boas

Boas werden gemeinhin häufig als bissige Riesenschlangen dargestellt. Das sind sie aber nur in den seltensten Fällen. Abgesehen von den Unterarten von den Kleinen Antillen und *B. c. sabogae* sind Boas eher beißfaul und schnappen normalerweise nicht nach Menschen. Dies gilt insbesondere für Tiere aus Zuchtlinien, die schon sehr lange in Menschenhand sind. Nicht abschrecken lassen sollte sich der Halter von Boa-Babys, die gelegentlich beißen – sie lernen meist schnell, dass dieses Verhalten keinen Sinn macht. Abwehrbisse von Jungboas sind nicht einmal sonderlich schmerzlich, nur selten schaffen es die kleinen Zähne durch die Haut des „Angreifers". Jedoch sind die kleinen Boas durchaus in der Lage, mit ihrem Schnappen und gelegentlichen Fauchen Anfängern in der Boiden-Haltung einen gehörigen Schreck zu versetzen. Dies ist aber alles mehr

Echte Pflanzen haben nur bei jungen Boas eine Chance…
Foto: S. Binder

„Theater", da eine junge Boa einen Menschen nicht ernsthaft verletzen kann.

Gefährlicher sind da schon Bisse von ausgewachsenen *Boa constrictor*. Der Abwehrbiss einer 3-m-Boa kann sehr schmerzhaft sein und zu erheblichen Blutungen führen. Daher ist es wichtig, seine Tiere genau zu kennen und Anzeichen für einen bevorstehenden Biss frühzeitig wahrzunehmen. Achten Sie darauf, ob das Tier sehr erregt züngelt, langsam in ihre Richtung kriecht und den Hals nach und nach in einen doppelten S-Bogen legt – dieses Verhalten kann auf einen bevorstehenden Biss hindeuten. Im Normalfall beißen aber auch große Nachzucht-Boas nicht, da sie sich über Jahre an den Kontakt mit Menschen und die Abläufe im Terrarium gewöhnt haben.

Wichtigste Devise im Umgang mit Boas ist es, stets ruhig zu handeln. Nichts irritiert Boas mehr, als hektische Bewegungen. Alle Tätigkeiten, die im Becken ausgeführt werden, sollten daher mit der entsprechenden Langsamkeit erfolgen, egal, ob Kot entfernt, gesprüht oder die Badeschale gesäubert wird. Gewöhnen Sie sich einen klaren „Rhythmus" an, in dem Sie die Arbeiten im Terrarium nacheinander erledigen – so können sich die Schlangen darauf einstellen.

Sinnvoll ist es zudem, direkt nach dem Öffnen der Terrarienscheiben der Boa die flache Hand vorsichtig auf den Kopf zu legen. Somit gibt es keinen „Überraschungsmoment" für die Schlange, wenn sie plötzlich im Schlaf berührt wird. Mit der Zeit gewöhnen sich die Boas an dieses „Ritual" und interessieren sich danach nur noch wenig für den Halter.

Dies ist anders, wenn es nach Futtertieren riecht. Dann können Boas schon einmal im „Übereifer" nach der Hand des Halters schnappen, wenn dieser sich falsch verhält oder nicht genau aufpasst. Es verbietet sich daher von alleine, erst eine Ratte anzufassen und dann ins Terrarium zu greifen! Wenn Sie mehrere Boas in einem Terrarium halten und diese vor der Fütterung trennen müssen, sollten Sie dies tun, bevor die Futtertiere im Raum sind – so ist das Risiko äußerst gering, dass die Abgottschlangen beißen (s. auch „Ernährung von Boas").

Wer besonders vorsichtig agieren will, kann beim „Handling" von Boas einen so genannten Schlangenhaken benutzen. Dieser Haken mit einem langen Stil ermöglicht es, einen etwas vergrößerten Abstand zwischen Halter und Tier aufrecht zu erhalten. Ich halte dieses Gerät nur beim Zurücksetzen von Boas nach dem Füttern und bei hektischen Wildfängen für notwendig. Wenn Abgottschlangen regelmäßig von klein auf angefasst wurden, reagieren sie meist „gelassen" auf das Hochnehmen durch die menschliche Hand. Trotzdem sollte solch ein Metallhaken stets in Reichweite aufbewahrt werden, um ihn im Falle des Falles bereit zu haben.

Zum Glück beißen Boas ohnehin sehr selten (!), wie erwähnt, und meist nur dann, wenn die Hände des Pflegers nach Futtertier riechen oder die Abgottschlange gerade gefressen hat. Gerade in letzterem Fall sollte man sehr vorsichtig mit Boas umgehen. Viele Terrarianer empfehlen, gerade gefütterte Boas nur mit Schlangenhaken zu bewegen – sicherlich ein Ratschlag, der Bissunfälle verhindern kann. Tieren, die regelmäßig aggressiv reagieren, kann statt der Hand übrigens auch der Schlangenhaken zu Beginn des „Handlings" auf den Kopf gelegt werden, dies scheint beruhigend auf die Boas zu wirken.

Das Anfassen von im Terrarium gehaltenen *Boa constrictor* gehört also zu den regelmäßigen Tätigkeiten. Werden Boas nämlich nur zum Füttern aus dem Becken genommen, reagieren die Schlangen häufig hektisch oder gar bissig, da sie das Futter erwarten. Nur, wenn die Tiere regelmäßig auch ohne späteres Füttern angefasst und in den Händen gehalten werden, bleibt dieses Verhalten aus. Außerdem hat der Halter durch den direkten Kontakt mit der Boa eine viel größere Chance, eventuelle Erkrankungen frühzeitig zu erkennen. Trotzdem bleibt die Abgottschlange stets ein Wildtier, das darf der Halter nicht vergessen! Das reine Anfassen, um das Tier Bekannten zu präsentieren oder es mit sich herumzutragen, ist vielleicht für den Halter wichtig, für die Schlange jedoch nicht! Den Kontakt zum Menschen benötigen Boas (wie alle Schlangen) nämlich nicht. Gegen ein gelegentliches Herausnehmen des Tieres,

Bei der Fütterung sind Boas häufig angriffslustig. Foto: S. Binder

um es an die Handhabung zu gewöhnen und zu „zähmen", ist mit Sicherheit nichts einzuwenden. Allerdings bedeutet jedes Herausnehmen auch Stress für das Tier, vor allem, wenn dies nicht während der Aktivitätsphase geschieht. Hier heißt es, einen gesunden Mittelweg zu finden: Mit den Boas jeden Tag stundenlang „herumzuspielen" grenzt an Tierquälerei, es ist aber auch unsinnig, die Tiere so selten anzufassen, dass sie beim Anblick eines Menschen sofort in die Terrarienscheiben beißen...

Apropos „beißen": Hier noch ein Tipp, der schon oft gegeben wurde, den aber nur wenige Halter im Falle des Falles beherzigen. Vermeiden Sie es, die Hand, wenn die Schlange zuschnappt, schnell wegzuziehen! Auch wenn dieses Verhalten so gar nicht der natürlichen Reaktion des Menschen in einer solchen Situation

entspricht, kann es – besonders bei großen Boas – zu einer Minimierung der Verletzungen führen. In über 90 % der Fälle ist nämlich die Schlange schneller, und durch das Wegziehen der Hand entstehen lange Wunden, wo bei „ruhiger Hand" nur einige kleine Einstiche zu sehen gewesen wären. Die überwiegende Zahl der Boas erkennt nämlich ihren Fehler sehr schnell und lässt freiwillig wieder los. Sollte dies nicht der Fall sein, hilft übrigens ein wenig Alkohol (z. B. Desinfektionsmittel auf alkoholischer Basis), der dem Tier in die Schnauze geträufelt wird. Dann lässt die Boa sofort los! Wie gesagt, ein bisschen Ruhe und abgeklärtes Verhalten helfen! Der Biss einer Boa ist zwar schmerzhaft, aber meist nicht gefährlich, wenn die Wunde desinfiziert wird. Dass man einen Tetanus-Impfschutz besitzen sollte, versteht sich von selbst.

Pflegemaßnahmen im Terrarium

Für die Pflegemaßnahmen im Terrarium muss eine Abgottschlange eher selten angefasst oder herausgenommen werden, da vor allem Kontroll- und Säuberungsarbeiten durchgeführt werden. Die erste Aufgabe an jedem Tag besteht für den Halter darin, das Terrarium zu kontrollieren: Sind noch alle Schlangen da? Stimmen Temperatur und Luftfeuchtigkeit? Im zweiten Schritt sollten das Wasser erneuert und gegebenenfalls Kot und Häutungsreste eingesammelt werden. Viele Boas haben die Angewohnheit, ihren Kot im Wasser abzugeben; gerade dann ist es wichtig, ihn schnell zu entfernen, so dass die Boas wieder trinken können. Beobachten Sie bei den Handlungen im Terrarium ihre Tiere genau. Dies ist eine gute Möglichkeit, eventuell krankheitsbedingte Veränderungen festzustellen. Eine gesunde Boa sollte „interessiert" züngeln und den Halter aufmerksam bei seinem Tun beobachten.

Zudem ist es sinnvoll, im Terrarium mindestens einmal täglich zu sprühen, um die gewünschte

Tägliche Kontrollaufgaben

- Sind noch alle Boas da?
- Stimmen Temperatur und Luftfeuchtigkeit?
- Verhalten sich alle Boas normal?

Tägliche Pflegemaßnahmen

- Kot und Häutungsreste entfernen
- Sprühen
- Wasser erneuern

Luftfeuchtigkeit zu erreichen (s. „Luftfeuchtigkeit und Belüftung").

Nicht täglich, aber in regelmäßigen Abständen sollte zudem das Maul der Abgottschlangen kontrolliert werden. Mit Hilfe eines Plastikspatels wird das Maul vorsichtig geöffnet, und man hält nach roten Stellen, Bläschen oder anderen Anomalitäten Ausschau (s. „Krankheiten und Parasitosen").

In einem Boa-Terrarium fallen also recht wenige Arbeiten an, wenn die Technik eingespielt ist. Dies ist der Grund, warum viele Krankheitsfälle bei diesen Riesenschlangen spät bemerkt werden. Achten Sie daher auf Veränderungen der Physiologie und im Verhalten der Boas. Nur einmal in der Woche ins Terrarium zu blicken, ist grob fahrlässig!

Regelmäßiges „Handling" erleichtert den Umgang mit Boas, wenn es darauf ankommt.

Foto: S. Binder

Ernährung von Boas

Kurz nach der ersten Häutung einer neugeborenen *Boa constrictor* nimmt sie im Allgemeinen das erste Futter an. Die meisten Halter geben ihren Jungboas als erste Nahrung frisch behaarte Mäusebabys oder kleine „Springer", also Mäuse, die gerade die Augen geöffnet haben. Im Lauf des Lebens sollte die Größe der angebotenen Futtertiere natürlich den Bedürfnissen der Schlange angepasst werden. Adulte Abgottschlangen sind nur noch mit großen Ratten und Zwergkaninchen angemessen zu ernähren. Dessen sollte sich jeder Halter bewusst sein! Anfänger in der Schlangenhaltung müssen sich genau überlegen, ob sie es mit ihrem Gewissen vereinbaren können, regelmäßig Kleinsäuger an ihre Boa zu verfüttern. Bringen Sie es über´s Herz, beispielsweise den Tod eines Kaninchens durch die Boa zu „veranlassen"? Wenn nicht, wird jede Fütterung für den Halter zu einem Problem.

Futtertiere, wie etwa Ratten, selbst zu töten, ist laut Tierschutzgesetz nicht allen Haltern erlaubt. Denn der § 4 des Gesetzes schreibt vor, dass „eine Tötung nur durchführen [darf], wer die dazu notwendigen Fähigkeiten und Kenntnisse hat". Zusätzlich muss die Tötung von Wirbeltieren unter Betäubung geschehen. Da nur die wenigsten Halter einen entsprechenden Kurs besucht haben dürften, in dem ihnen das tiergerechte Töten von Nagern beigebracht (und bescheinigt) wurde, sollte das Töten von Wirbeltieren grundsätzlich dem Fachmann überlassen werden.

Es ist heute aber auch nicht mehr nötig, die Futtertiere selbst zu töten. Der Fachhandel bietet gefrorene Mäuse, Ratten und Zwergkaninchen an, die daheim lediglich aufgetaut, erwärmt und verfüttert werden müssen. Doch auch dies ist keine angenehme Sache: Das teilweise mehrere Stunden dauernde Auftauen der Tiere auf der Heizung oder in warmem Wasser im Spülbecken ist nicht jedermanns Sache, zudem riecht der tote Nager meist nicht sonderlich erfreulich, wenn er endlich wieder warm ist.

Wer sich von diesen Vorüberlegungen nicht abschrecken lässt, wird schnell Routine bei der Fütterung von Boas bekommen. Der richtige Zeitpunkt für die Mahlzeit liegt in den frühen Abendstunden. Dass die Boa Hunger hat, erkennt man zu dieser Tageszeit daran, dass sie mobiler ist als in den Tagen nach der letzten Fütterung. Oft suchen die Tiere im ganzen Becken nach einem Futtertier und sind somit sehr lange außerhalb des Verstecks anzutreffen. Viele Boas legen sich auf die Äste im Terrarium und verfolgen alle Bewegungen aufmerksam. Meist beobachtet man dieses Verhalten bei Boas nach dem Absetzen des Kots, einige Exemplare kriechen aber schon vorher auf Beutesuche umher. Wird ein genauer Fütterungsrhythmus eingehalten und immer erst gefüttert, wenn der Kot der letzten Mahlzeit abgesetzt wurde, hat der Halter übrigens eine gute Kontrolle über die Gesundheit des Magen-Darm-Traktes seiner Abgottschlange (s. „Krankheiten und Parasitosen").

Den Fang- und Fressakt einer Abgottschlange zu beobachten, ist wirklich interessant. Zunächst liegt die Boa ruhig da, züngelt und zieht ihren Hals in Form eines Doppel-S an den Körper. Mit erstaunlicher Geschwindigkeit stößt die Abgottschlange dann zu, trifft das Beutetier im besten Fall am Kopf und umschlingt es mit zwei bis drei Windungen des Körpers. Dies geschieht übrigens bei fast allen Boas unabhängig davon, ob es sich um ein lebendes oder totes, bewegtes Futtertier handelt. Bei lebenden Futtertieren tritt der Tod innerhalb recht kurzer Zeit durch Ersticken, Schock oder Herzversagen ein. Nach dem eigentlichen Fangakt lässt die überwiegende Zahl von Boas die Beute zunächst wieder los und beginnt, den Kopf zu suchen. Dies dauert bei Boas, verglichen mit anderen Riesenschlangen, teilweise erstaunlich lange! Ist der Anfang, also die Nasenspitze des Futtertieres, gefunden, hängt die Schlange ihre Unterkieferhälften aus, und die Beute wird abwechselnd mit den beiden Seiten des Mauls in den Schlund befördert. Selten wird das Futtertier von hinten beginnend (also „gegen den Strich") gefressen. Den Körper der Beute hält die Boa dabei meist mit nur einer Schlinge fest, damit das Futtertier nicht ständig wegrutscht. Hat der Kopf des Futtertiers den Halsansatz der Boa passiert, wird es mit Hilfe der Schlundmuskeln und durch Windungen des Körpers weiterbefördert. Viele Boas stellen zum Ende des Fressens das vordere Drittel des Körpers auf, als würden sie die Schwerkraft für das Herabrutschen der Beute nutzen. Die verschlungene Nahrung erreicht so den Verdauungstrakt, was von außen oft beobachtet werden kann, denn es bildet sich eine mehr oder weniger merkliche Beule in der Magengegend. Nach dem Fressen legen sich Boas leicht ausgestreckt an einen besonders warmen Ort, und schon am nächsten Abend ist äußerlich kaum noch etwas von der Mahlzeit zu erkennen. Der Kot wird nach wenigen Tagen bis mehreren Wochen (bei großen Tieren) abgegeben. Meist einige Tage vor dem Koten entlässt die Boa Urat, weiße bis gelbliche relativ feste „Brocken" aus Harnsäure-Salzen mit etwas Flüssigkeit.

Tot oder lebendig?

Die Frage, ob die Futtertiere tot oder lebendig verfüttert werden sollen, ist so alt wie die Schlangenhaltung selbst. Es gibt Argumente für und gegen beide Varianten. Lebendes Futter hat den Vorteil, die natürlichen Instinkte der Boa vollständig zu wecken – nur so hat das Tier die Möglichkeit, sein gesamtes Beutesuch- und -fangverhalten auszuführen. Auf der anderen Seite birgt diese Art der Fütterung große Gefahren für die Boa. Und für das Futtertier bedeutet es im schlimmsten Fall jede Menge unnötige Qualen. Es gibt aber auch Boas, die ihr „Geschäft" des Beutefangens so gut verstehen, dass das Opfer kaum etwas davon mitbekommt. Das Verfüttern lebender Nager als „Sadismus" darzustellen, ist in jedem Fall nicht richtig. Immerhin zeigt die Abgottschlange ein seit Jahrtausenden präzisiertes Beutefangverhalten. Das Verfüttern lebender Beute ist daher mit Sicherheit die natürlichste Art der Boa-Ernährung.

Trotzdem plädieren die meisten Halter inzwischen für die Verfütterung toter Futtertiere. Gerade das breite Angebot an Frostfutter hat zu dieser Entwicklung beigetragen. Mit wenigen Ausnahmen nehmen alle Boas auch tote Futtertiere, wenn man diese auf der Heizung oder sehr kurz (!!) in der Mikrowelle auf Körpertemperatur erwärmt und vor dem Tier ein bisschen hin- und herbewegt. Jedoch ist hier zwingend darauf zu achten, dass das Futtertier *ganz* aufgetaut und nicht im Inneren noch gefroren ist. Darüber hinaus sind einmal aufgetaute Futtertiere nicht wieder einzufrieren, wenn sie nicht gefressen wurden. Egal ob frisch tot oder aufgetaut, die Vorteile sind nicht zu übersehen: Es besteht keine Verletzungsgefahr für die Schlange. Besonders Ratten bringen nämlich ansonsten den Boas oft Bissverletzungen bei, was man ihnen sicher nicht verdenken kann. Sehr häufig treten Bisse in die Flanken oder in den Schwanz der Boa auf, seltener wird auch der Kopf getroffen. Es kam aber schon zum Durchbeißen des Unterkiefers und zu Verletzungen der Augen (vgl. STÖCKL 1996). In einem besonders schweren Fall durchstießen die beiden Nagezähne die Schädeldecke der Abgottschlange und brachen ab. Trotz tierärztlicher Behandlung verendete diese Boa kurz darauf (HOMANN, pers. Mittlg.). In einem anderen Fall verletzte ein Kaninchen eine Boa mit seinen Hinterläufen so stark im Maul, dass sich die stark blutende Wunde trotz sofortiger tierärztlicher Behandlung entzündete und auch diese Boa daraufhin verstarb (RITTER, pers. Mittlg.). Dies sei eine eindringliche Warnung! In jedem Fall sollte nun jeder verstehen, warum davon abgeraten wird, Futtertiere unbeobachtet oder sogar über Nacht im Terrarium zu belassen... Ist unter Ihren Boas ein unverbesserlicher „Lebendfresser", bieten Sie dem Tier seine lebende Maus ggf. mit einer Futterpinzette an, so dass auch in diesem Fall die Gefahr von Verletzungen minimiert ist.

Neben der Möglichkeit lebende, frisch tote sowie aufgetaute und erwärmte Futtertiere zu reichen, gibt es seit kurzem zudem so genannte „Schlangenwürstchen", die es Anfängern erleichtern sollen, ihre Heim-Boa zu ernähren. Diese „Würstchen" können laut Hersteller als Alleinfutter dienen und werden von etwa 75 % aller Schlangen als Nahrung akzeptiert (WERNING 2001). Sie sollen aus zerkleinerten Futtertieren hergestellt sein.

Beginn des Fressaktes: Das bereits tot gerichtete Futtertier wurde trotzdem „erdrosselt", nun sucht die Abgottschlange den Kopf. Foto: S. Binder

Das Schwierigste ist geschafft: Der Schultergürtel des Futtertieres ist im Schlund verschwunden. Foto: S. Binder

Zum Ende des Fressvorgangs werden die Zähne nicht mehr benutzt, die Boa „zieht" ihre Beute mit Hilfe der Schlundmuskulatur weiter. Foto: S. Binder

Futtertiere

Grundsätzlich kommen viele Futtertiere für eine Boa in Frage (s. „Lebensweise und Verhalten"). Bei der Haltung im Terrarium bieten sich vor allem Nager wie Mäuse und Ratten sowie für größere Boas Meerschweinchen und Zwergkaninchen an. Diese Futtertiere sind im Terraristik-Fachhandel gefroren und oft auch lebend zu erhalten. Auch gefrostete Eintagsküken werden manchmal angeboten, sollten aber nur gelegentlich als „Abwechslung" gegeben werden. Auch bei Hobbyzüchtern und manchmal bei Labors sind unter Umständen Futtertiere wie überzählige Laborratten (die keinem Versuch mit chemischen Substanzen dienten) zu bekommen. Kaninchen sind oft recht günstig von einigen Großzuchtfarmen zu erwerben, die Tiere mit Fehlern und schweren Krankheiten aussortieren. Besonders bei Futtertieren mit Magen-Darm-Erkrankungen ist jedoch Vorsicht geboten: Es kam nämlich bereits zu Todesfällen durch verfütterte kranke Nager (ROSS & MARZEC 1994). Und natürlich gibt es die Möglichkeit, seine Futtertiere selbst zu züchten. Anleitungen dazu finden Sie in der Fachliteratur (z. B. FRIEDERICH & VOLLAND 2002). In jedem Fall sollten Sie verhindern, dass es zu einem Vorfall wie 1997 in Los Angeles kommt: Dort war eine „entlaufene" Boa dabei erwischt worden, wie sie den Chihuahua einer Nachbarin fraß. Eine schlagzeilenträchtige Story, die es vielen Terrarianern in den USA schwerer machte, ihr Hobby zu betreiben.

Doch nicht alle Futtertiere sind gleichwertig: Deutliche Unterschiede sind in den Punkten Verdaulichkeit und Nährstoffgehalt auszumachen. Nestjunge Mäuse und Ratten

...und vom ganzen Schmaus schaut nur
noch der Schwanz heraus.
Foto: S. Binder

sind
sehr leicht verdaulich und enthalten sehr
viele leicht aufzuschließende Nährstoffe.
Im Vergleich eines Rattenbabys mit einer
gleich schweren halbwüchsigen Maus zeigt
sich, dass das Rattenbaby „nahrhafter" ist.
Trotzdem sollte man seine Boa natürlich niemals
ausschließlich mit nestjungen Nagetieren ernähren, da dem Tier dann schnell wichtige Mineral-
und Ballaststoffe (aus dem Skelett und Fell) fehlen würden. Besonders viele Nährstoffe, die für
teilweise extreme Wachstumsschübe sorgen, enthalten sehr große Ratten und Kaninchen, da bei
diesen Futtertieren der Anteil an Muskulatur sehr
groß ist. Meerschweinchen sorgen häufig für eine
Verfettung bei Boas (STÖCKL 1996) und haben eine deutlich dickere Haut als Kaninchen und Ratten, was für eine schwerere Verdauung sorgt.

Geflügel (Küken, Junghühner, Zwergwachteln) ist
dagegen sehr leicht verdaulich, sorgt aber meist für
einen breiigen Kot, wie er sonst nur bei Krankheit
vorkommt. Außerdem werden Vögel grundsätzlich
schneller verdaut. Der Nährwert von Geflügel ist
sehr unterschiedlich, meist liegt er unter dem von
Nagetieren. Eine Ausnahme bilden hier Eintagsküken, die noch sehr viele leicht aufschließbare Stoffe
aus dem Dotter enthalten. Es ist empfehlenswert,
Vögel nur als Abwechslung gelegentlich zu geben.

Abwechslung ist übrigens auch bei Boas ein
nicht zu unterschätzender Faktor bei der Ernährung. Gelegentlich einmal Geflügel, Hams-
ter, Rennmause oder andere Nager zu verfüttern, ist für das Tier nicht nur ein geruchlich interessantes Erlebnis, es sorgt auch für eine
wirklich ausgewogene Ernährung ohne jede
Gabe von Zusatzfuttermitteln. Wenn Sie Ihrer
Boa ab und zu einmal Nager anbieten, die mit
Karotten oder Salat ernährt wurden, befriedigen
sie das Vitaminbedürfnis der Schlange ganz natürlich. Fut-
tertie-
re, in die
Vitamin-
präparate
gespritzt
werden, brau-
chen Boas nach
meiner Erfah-
rung im Allgemei-
nen nicht; Vitamin
C können Schlangen
beispielsweise selber
synthetisieren (VOS-
BURGH & ULLREY 1982).

Getrennte Fütterung

Es gibt sehr unterschiedliche Ansätze, Boas zu füttern. Eines ist jedoch in jedem Fall gleich: Die Boas müssen getrennt gefüttert werden, da es sonst zu schweren Verletzungen der Tiere kommen kann. Es kam schon häufig vor, dass sich zwei Boas bei der gemeinschaftlichen Fütterung in ein Futtertier verbissen und dabei auch die Schlangen etwas abbekamen. Bissverletzungen an Kopf und Hals sind meist die Folge. Ein solches Knäuel sich gegenseitig umwickelnder und beißender Boas bekommt man in der Regeln nur auseinander, wenn man einen erfahrenen Schlangenhalter zur Seite hat oder etwas Alkohol auf die Köpfe der Boas tropft. Gute Erfahrungen wurden hier mit Desinfektionsmittel auf Alkoholbasis (z. B. Kodan® oder Sterilium®) gemacht.

Um solche Unfälle zu verhindern, sollten Boas immer alleine gefüttert werden, wie schon gesagt. Bei Einzelhaltung ist dies natürlich kein Problem. Werden jedoch mehrere Abgottschlangen in einem Terrarium gehalten, ist es sinnvoll, alle Tiere zum Füttern in Plastikwannen zu setzen. Dies hat zudem den Vorteil, dass die Boas nichts von dem Terrarienbodengrund mitfressen können. Wenn Boas von klein auf daran gewöhnt sind, außerhalb des Terrariums zu fressen, gibt es keine Probleme bei dieser Fütterungsmethode. Bei Problemen hilft es häufig, ein dunkles Tuch über die Box zu legen, so dass die Schlange nicht durch Bewegungen in der Umgebung abgelenkt wird. Beim Herausnehmen und Zurücksetzen der Boas ist es vonnöten, einen Schlangenhaken zu benutzen, da die Tiere sonst schnell einmal aus Versehen nach ihrem Halter schnappen.

Fütterungsintervalle

Wichtig – und heiß diskutiert – ist die Häufigkeit der Fütterung. Als Faustregel gilt: Boas unter einem Meter Länge, also etwa bis zur Vollendung des ersten Lebensjahres, erhalten alle sieben bis zehn Tage ein bis zwei Mäuse in passender Größe. Bei kleinen Boas wird mit gerade behaarten Mäusen begonnen, später erhalten die Schlangen „Springer", und über etwa 75 cm Größe können ausgewachsene Mäuse angeboten werden. Bis die Boas eine Größe von etwa 180 cm erreicht haben, erhalten sie alle acht bis zwölf Tage jeweils eine oder zwei Ratten; auch hier wird die Futtertiergröße dem Wachstum der Abgottschlangen angepasst. Boas, die größer werden, erhalten nur noch alle zwei bis drei Wochen ein bis zwei Zwergkaninchen in moderater Größe.

Sicherlich ist es möglich, dass eine 2-m-Boa gleich drei oder vier Zwergkaninchen während einer Mahlzeit frisst, dies kann dem Tier aber schaden! Ein Auswürgen der Beute, das sonst nur bei Krankheit oder zu kühler Haltung passiert, ist evtl. die Folge. Oft verweigern Abgottschlangen nach solch einem Erlebnis über Wochen jegliche Nahrung. Daher sollte der Boa-Halter immer darauf achten, dass sein Terrarientier nur Futter der „richtigen" Größe und in der „richtigen" Menge erhält. So sollte der Umfang des Beutetieres nie größer sein als derjenige der Schlange in der Körpermitte, auch wenn die Boa

Boas müssen einzeln gefüttert werden, zum Beispiel in Plastikkisten.
Foto: S. Binder

deutlich größere Beutetiere herunterschlingen könnte und würde. Da ist es besser, zwei kleinere Futtertiere pro Mahlzeit anzubieten, die beim Verdauen im Magen der Boa nicht auf umliegende Organe drücken... Merke: Lieber häufiger mit kleineren Futtertieren füttern!

Ausnahmen von den oben genannten Fütterungsintervallen gibt es viele. Beispielsweise kann bei Weibchen vor der Paarungszeit durch häufigeres Füttern (nicht größere Futtertiere!) für die entsprechenden Fettreserven gesorgt werden, um sie die Hungerperiode während der Trächtigkeit ohne Probleme zu überstehen zu lassen. Und auch nach der Geburt der Jungen ist es sicher sinnvoll, das Weibchen eine Extra-Mahlzeit einlegen zu lassen, um es wieder auf ein normales Gewicht zu bekommen. Aber es muss immer darauf geachtet werden, dass die Boa nicht zu fett wird – ist dies doch der Fall, vergrößert man einfach die Fütterungsintervalle!

Wachstum

Viele Faktoren beeinflussen das Wachstum von Boas. Dazu zählen die Unterart-Zugehörigkeit, der Charakter der Schlange („Gier"), das angebotene Futterrepertoire und die Haltungstemperatur. Deshalb ist es recht schwer, eine „ideale" Wachstumskurve für Boas zu bestimmen.

Grundsätzlich wird berichtet, dass *B. c. imperator* die schnellwüchsigsten Boas seien, Rotschwanzboas (*B. c. constrictor*) tendieren zu einem langsameren Wachstum, und Südboas (*B. c. occidentalis*) wachsen noch langsamer.

Unabhängig davon kann man feststellen, dass Boas in den ersten beiden Jahren sehr schnell zulegen, was übrigens für Gefangenschaftsexemplare und in der Natur lebende Tiere gleichermaßen gilt. Im ersten Jahr ist ein

Wachstum (bezogen auf die Länge) von 100–250 % nicht untypisch, so dass die großen Unterarten und Lokalformen schon nach Ablauf des ersten Lebensjahres im Terrarium mehr als 1 m messen können. Boas, die zu diesem Zeitpunkt schon 150 cm lang sind, gibt es durchaus, ein solch rasantes Wachstum ist aber völlig unnatürlich und belastet den Schlangenorganismus sehr! Exemplare der großen Formen erreichen im zweiten Lebensjahr etwa 150–180 cm Gesamtlänge. Ab dem Beginn des dritten Lebensjahres beträgt der jährliche Zuwachs nur noch 10–20 %. In den folgenden Jahren sinkt die Wachstumsrate immer weiter, so dass die Längenzunahme nur noch wenige Prozent ausmacht.

Durch eine eher kühle Haltung und eine sparsame Fütterung – vor allem in den ersten Jahren – wachsen Boas langsamer, teilweise sogar langsamer als in der Natur. Gesundheitliche Beeinträchtigungen soll es durch das langsame Wachstum allerdings nicht geben (DE VOSJOLI 1998). Eine sehr warme Haltung und sehr häufige Fütterungen dagegen führen zu einem extremen Wachstum und können gesundheitliche Schäden durch Verfettung und die starke Belastung der Gewebe auslösen.

Die Fortpflanzungsfähigkeit beider Geschlechter leidet unter einer durchgehend sparsamen Versor-

Grafik 2: Idealisierte Wachstumskurve einer *Boa constrictor imperator*

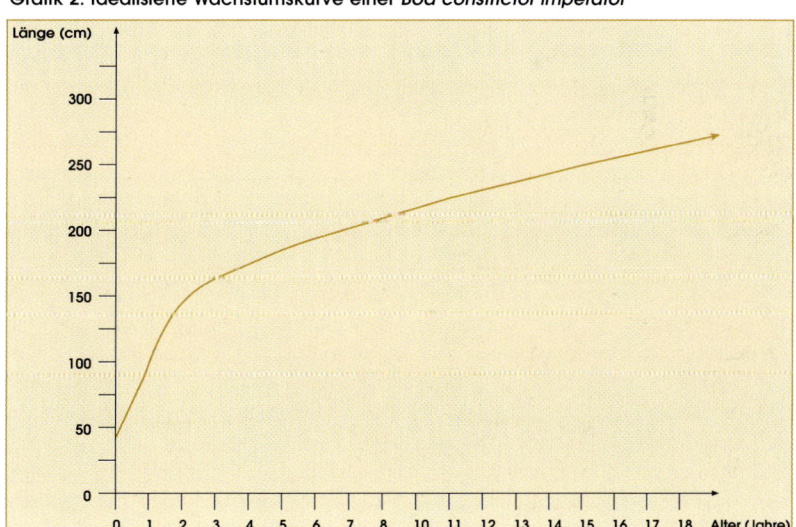

gung mit Nahrung genauso wie unter einer ständigen Überfütterung. Für männliche Schlangen soll ein eher langsames Wachstum der Fortpflanzungsfähigkeit förderlich sein, gesicherte Daten gibt es aber anscheinend nicht. Es wird beschrieben, dass männliche Boas, die während der Paarungszeit „Hunger" hatten, mehr Paarungsaktivitäten zeigten (vgl. GREENE in ROSS & MARZEC 1994), dies bedeutet aber nicht, dass man die Tiere ständig unterernährt halten sollte! Bei weiblichen *Boa constrictor* führt ein Unterschreiten einer bestimmten Menge an Körperfettreserven wahrscheinlich zum Ausbleiben der Ovulation (ROSS & MARZEC 1994). Dies stellten schon viele Halter fest, die mit eher schlecht ernährten Weibchen die Zucht versuchten. Allerdings sind auch stark verfettete Weibchen nur selten zur Zucht zu bewegen. Hier gilt es also wieder, einen in wahrsten Sinne des Wortes „gesunden" Mittelweg zu finden.

Probleme bei der Fütterung

Im Gegensatz zu einigen anderen Schlangenarten sind Boas nicht nur gute Futterverwerter, sondern auch sehr willige und gierige Fresser, so dass Futterverweigerer selten sind. Lediglich einige Jungtiere brauchen anfangs etwas länger bis zur ersten Mahlzeit, nur sehr selten muss auch einmal „gestopft", sprich zwangsgefüttert werden. Es ist aber keineswegs so, dass Abgottschlangen immer die gleiche Anzahl Futtertiere bei jeder Fütterung annähmen. Es kann sogar vorkommen, dass manchmal eine Fütterung ganz ausgelassen und die gebotene Beute verweigert wird. Dies ist kein Grund zur Besorgnis und kann viele Ursachen haben. Die meisten Boas fressen beispielsweise bei unmittelbar bevorstehender Häutung nicht. Auch hochträchtige Weibchen verweigern häufig das Futter über Wochen. Gleiches gilt für männliche *Boa constrictor* während der Paarungszeit. In diesen Fällen, die ja abzusehen sind, kann durch zusätzliche Fütterungen im Vorfeld für einen kleinen Fettvorrat bei den Tieren gesorgt werden, so dass sie die „futterlose" Zeit ohne Probleme überstehen.

Nicht angenommene Futtertiere dürfen niemals Boas aus anderen Terrarien angeboten werden, da die Gefahr einer Krankheits- oder Parasitenübertragung recht groß ist.

In seltenen Fällen findet man auch Nahrungsspezialisten unter Abgottschlangen. Meistens sind das Wildfänge oder Tiere, die ihr Leben lang nur eine Futtertiersorte erhielten. So gibt es einige Boas mit einer Körperlänge von über 2 m, die trotzdem nur Ratten annehmen und größeres Futter verweigern. Solche Tiere lassen sich nur schwer „umgewöhnen". Es besteht aber auch nicht unbedingt die Notwendigkeit dazu. Wer es trotzdem versuchen will, kann beispielsweise ein kleines Kaninchen mit Rattenurin einreiben. Oft vertrauen Boas ihrem Geruchssinn und halten das Kaninchen nun für eine übergroße Ratte.

Manche Wildfänge nehmen ausschließlich Geflügel an, was durch den erwähnten breiigen Kot sehr unangenehm sein kann. Hier sollte man eine langsame Umgewöhnung versuchen. Dazu wird z. B. an das tote Futterküken eine ebenfalls tote Ratte mit einem verdaulichen Faden (erhältlich beim Tierarzt) angebunden (vgl. STÖCKL 1996). So muss die Boa die Ratte bei der Fütterung mitfressen und wird – hoffentlich – irgendwann auch „pure" Ratten akzeptieren. Manche Wildfänge akzeptieren zudem keine Futtertiere mit extremem Nagetiergeruch, da dieser bei den Nahrungstieren in freier Natur fehlt. Hier hilft manchmal die Haltung der Futtertiere über einige Tage auf täglich gewechseltem Erdboden und Heu.

Verweigert eine Boa das Futter völlig, gibt es zumindest bei Jungtieren noch einen kleinen Trick, der schon häufig zum Erfolg führte. Dazu wird die Jungboa eingefangen und in eine kleine Plastikbox mit Luftlöchern gesetzt, deren Boden sie vollständig mit ihrem Körper bedeckt. Auf die Boa wird nun das tote (!) Futtertier gelegt, das Gefäß verschlossen und über Nacht an einem ruhigen, warmen Ort aufgestellt. Oft kann so eine stressreiche Zwangsfütterung vermieden werden.

Manchmal kommt es vor, dass Boas aufgenommene Nahrung wieder auswürgen, weil sie die Beute nicht verdauen können. Wärme begünstigt die Verdauung, weshalb Boas, die gefressen haben, häufig den wärmsten Punkt im Terrarium aufsuchen. Ein weiterer Grund für das Auswürgen kann Stress sein, weshalb Boas nach dem Fressen stets in Ruhe gelassen und nicht aus dem Terrarium genommen werden sollten.

Besonders häufig neigen übrigens junge *B. c. constrictor*, *B. c. amarali*, Wildfänge und „Albino-Boas" zum Auswürgen. Es empfiehlt sich bei diesen Jungtieren daher, mit der nächsten Fütterung immer abzuwarten, bis der Kot der letzten Mahlzeit abgeführt wurde. Nach dem ersten Lebensjahr sind „Albino-Boas" meist „futterfest" und können versorgt werden wie andere Boas auch. Eine Boa, die doch einmal Nahrung wieder ausgewürgt hat, muss übrigens erst vorsichtig wieder ans Futter gebracht werden (BINDER & LAMP in Vorb.) – es stellt einen typischen Fehler dar, das Tier sofort nach dem Auswürgen erneut zu füttern. Denn auf diese Weise forciert der Halter das erneute „Erbrechen", so dass sich schnell ein „Auswürg-Syndrom" entwickeln kann, das nur schwer wieder zu beseitigen ist. Nach dem Auswürgen fehlt der Schlange vor allem Flüssigkeit, so dass manchmal eine Gabe von physiologischer Kochsalzlösung angebracht sein kann.

Zwangsfütterung

Schlugen alle Fütterungsversuche über einige Wochen fehl, muss die Schlange zwangsgefüttert werden, sofern man Ursachen wie Trächtigkeit oder Paarungszeit ausschließen kann. Dafür wird ein kleines totes Futtertier mit einer stumpfen Futterpinzette in das zuvor mit einem Spatel geöffnete Maul geschoben. Stecken Sie das Futtertier niemals in die vorne liegende Luftröhre! Der Eingang zur Speiseröhre liegt ganz hinten im Maul und wird von der Boa oft mit viel Kraft zugedrückt. Die Pinzette setzt am besten in der Halsregion des Futtertieres an, das angefeuchtet werden kann, damit es besser rutscht. Auf keinen Fall darf die Pinzette vorne über das Futtertier herausragen, da es sonst zu Verletzungen kommen kann! Danach wird das Futtertier langsam in die Speiseröhre der fixierten, lang ausgestreckten Boa geschoben. Meist versuchen Boas sofort, den „Fremdkörper" wieder auszuwürgen, weswegen das Futtertier von außen mit den Fingern weitergeschoben wird, bis es im Magen angekommen ist. Manche Tiere transportieren die Beute auch selbstständig weiter, wenn sie erst einmal in der Speiseröhre steckt. Bei größeren Boas sind Zwangsfütterungen nur mit mindestens zwei Personen zu bewältigen.

Beraten Sie sich auf jeden Fall vor einem solchen Eingriff mit anderen Haltern und lassen Sie sich von jemandem helfen, der schon einmal eine Schlange zwangsgefüttert hat! Hilft auch die Zwangsfütterung nicht, weil die Boa das Futter immer wieder auswürgt, muss das Tier mit einer Magensonde und einer Nährlösung ernährt werden. Bei dieser Prozedur beraten Sie erfahrene Halter und auf Reptilien spezialisierte Tierärzte.

Das Auswürgen des Futters kann viele Ursachen haben. Foto: S. Binder

Häutung

Wie oft haben Züchter schon hektische Anrufe von Anfängern in der Schlangenhaltung bekommen? Immer ging es um die gleiche Sache: Die Boa hat plötzlich milchige Augen. Doch das ist ganz natürlich: Die Boa häutet sich.

Diese Trübung der Augen entsteht durch eine milchige Flüssigkeit, die die alte Haut von der neuen trennt. Da auch die das Auge bedeckende durchsichtige Hornschuppe („Brille") bei der Häutung erneuert wird, sehen die Augen milchig aus. Auch der restliche Körper ist während dieser Zeit matt und gräulich. Viele *Boa constrictor* fressen ab diesem Zeitpunkt bis zur eigentlichen Häutung nicht und sind manchmal etwas aggressiv (s. auch MARCUS 1983). Die Flüssigkeit wird nach einigen Tagen vom Körper wieder resorbiert, so dass die Abgottschlangen nun wieder mehr oder weniger „normal" gefärbt sind. Jetzt dauert es noch zwei

bis drei Tage, bis die Boa sich häutet. Dazu reibt sie zunächst ihre vordere Kopfregion an rauen Gegenständen, bis sich die alten Lippenschilde von den neuen trennen – die alte Haut reißt auf. Wie eine Strumpfhose zieht die Boa ihre zu klein gewordene Haut nun aus, im günstigsten Fall rollt sie diese an Ästen und Steinen an einem Stück auf. Kleinere Risse in der alten Haut sind dabei nicht selten. Das „Natternhemd", so wird die abgestreifte Haut auch bei Riesenschlangen genannt, bleibt nach dem Häutungsakt zurück und wird nicht – wie bei einigen Echsen üblich – gefressen. Eine Häutungsphase dauert bei Boas von Beginn der Trübung der Augen bis zum Abstreifen der Haut acht bis elf Tage.

Ein frisches Natternhemd fühlt sich noch leicht feucht und weich an, verhärtet während der Trocknung an der Luft aber zusehends. Die abge-

Boa constrictor **zu Beginn der Häutung.**
Foto: S. Binder

Äste und andere raue Gegenstände werden häufig zum „Abschubbern" der alten Haut genutzt.   Foto: S. Binder

Die äußere Hautschicht (bestehend aus abgestorbenen keratinisierten Zellen) ist nicht mehr dehnungsfähig genug, um den gewachsenen Körper unterzubringen. Die Häutung (Ecdysis) steht also im Zusammenhang mit dem Wachstum bzw. der Körpermassenzunahme. Daher häuten sich Jungboas auch wesentlich häufiger als adulte Tiere – bei ihnen ist das Wachstum ja wesentlich größer als bei älteren Exemplaren (vgl. „Wachstum"). Bei Boas sind sechs bis zehn Häutungen im ersten Lebensjahr nicht ungewöhnlich, im Alter sind meist nur zwei bis drei Häutungen pro Jahr üblich. Die erste Häutung findet bei *Boa constrictor* meist mit sechs bis zwölf Tagen statt. Die Einleitung der Häutung ist hormonell gesteuert.

streifte Haut sollte dahingehend untersucht werden, ob auch die Brille und die Schwanzspitze mitgehäutet wurden. An der jetzt besonders farbenprächtigen Schlange fallen nicht mitgehäutete Partien (z. B. rund um Verletzungen und an der Afteröffnung) natürlich sofort auf und können angefeuchtet und mit einer Pinzette vorsichtig (!) entfernt werden. Dies gilt aber nicht für die Augenschilde! Eine Häutung in vielen Fetzen ist immer ein deutliches Anzeichen für eine zu trockene Haltung von Boas! Bäder in lauwarmem Wasser können in diesem Fall Abhilfe schaffen. Mehr zum Thema Häutungsprobleme finden Sie im Kapitel „Krankheiten und Parasitosen".

Die Häutung ist übrigens ein sehr wichtiges Ereignis für eine Schlange.

Kleine Löcher im „Natternhemd" der Boa sind meist kein Grund zur Besorgnis.   Foto: S. Binder

Boa-Zucht

Die Zucht von Abgottschlangen sollte das Ziel der Haltung sein. Immerhin handelt es sich bei *Boa constrictor* um eine geschützte Reptilienart, die in ihrem Bestand gefährdet ist. Nachzuchten garantieren so nicht nur den Fortbestand der Art, sondern können zumindest bedingt als Indikator für das Wohlbefinden der Tiere angesehen werden. Boas, die unter schlechten Bedingungen gepflegt werden oder denen es sogar an etwas mangelt, werden sich eher nicht fortpflanzen.

Die Vermehrung der meisten Unterarten von *Boa constrictor* in Gefangenschaft findet seit Jahrzehnten statt. Es gibt dabei viele Taktiken, Methoden, Tricks und Erfahrungen, um die Schlangen zum Paaren zu animieren. Eine pauschale, beste oder gar einzig richtige Methode, die immer funktioniert, existiert jedoch nicht. In diesem Kapitel sind daher Vorschläge und Erfahrungen zusammengefasst, die sich (neben anderen) als erfolgreich erwiesen haben.

Die „richtigen" Elterntiere

Die Auswahl der „richtigen" Elterntiere ist gar nicht so einfach. Dass die Tiere unterschiedlichen Geschlechts sein sollen, versteht sich von selbst, aber schon bei der Zusammenstellung einer Zuchtgruppe gibt es sehr unterschiedliche Meinungen. Bei „Mixed Boas" reicht es meistens, ein oder mehrere Männchen mit den Weibchen zusammenzuhalten. Aber es gibt auch Gruppen, die so nicht oder nur mit geringem Erfolg zur Paarung schreiten. Bei einigen Unterarten, wie *B. c. constrictor* oder *B. c. amarali*, ist die Gruppenzusammensetzung äußerst wichtig, um überhaupt Paarungen auszulösen.

Den größten Zuchterfolg haben meist Gruppen von zwei Männchen mit einem oder zwei Weibchen. Ohne ein zweites zuchtfähiges Männchen fehlt es männlichen Boas anscheinend an „Stimulans", so dass in diesem Fall keine oder zumindest weniger Paarungen zu sehen sind. Werden dem Männchen zu viele Weibchen „geboten", kommt es fast immer zu schlechten Befruchtungsergeb-nissen. Daher hat sich die genannte Konstellation als besonders erfolgversprechend herausgestellt. Natürlich können die Männchen in mehreren Weibchenterrarien nacheinander „verwendet" werden.

Zudem müssen die für die Zucht vorgesehenen Tiere natürlich eine gute Gesundheit und eine passende körperliche Konstitution aufweisen. Diese Konstitution sollte bei den Geschlechtern unterschiedlich ausfallen: Während sich die Weibchen, die meistens während der Trächtigkeit die Nahrungsaufnahme einstellen, in einem außerordentlich guten Ernährungszustand befinden sollten, scheinen nach Erfahrungen vieler Züchter „dicke" Männchen eher „zuchtfaul" zu sein. Männchen sollten also „schlank" (aber nicht unterernährt) sein. Zu dünne Weibchen hingegen verweigern meistens die Paarung.

Eine weitere Voraussetzung, die die Elterntiere erfüllen sollten, ist natürlich die erreichte Geschlechtsreife. Männchen sind grundsätzlich früher geschlechtsreif als Weibchen, beispielsweise „Mixed Boas" und *B. c. imperator* von nur 110 cm Länge und einem Alter von 15 Monaten. Allerdings sind bei solchen Jungboas nur sehr schlechte Befruchtungsergebnisse zu erwarten. Männliche Boas, die das zweite Lebensjahr vollendet haben und entsprechend gefüttert wurden, können aber durchaus schon für die Zucht eingesetzt werden. Bei den langsamer wachsenden Unterarten *B. c. amarali*, *B. c. constrictor* und *B. c. occidentalis* ist es sogar besser, bis zum vollendeten dritten Lebensjahr zu warten, ehe Männchen zur Zucht herangezogen werden.

Weibchen werden, wie erwähnt, erst etwas später geschlechtsreif. Zwar wurde schon von Boa-Weibchen berichtet, die in einem Alter von zwei Jahren bereits Junge warfen (RONNE 1998), doch diese Praxis der gewinnorientierten Großzüchter in den USA ist überaus schädlich für die Gesundheit und Entwicklung der weiblichen Boa. Folgen sind eine verkürzte Lebensspanne, Früh- und Totgeburten sowie manchmal eine dauerhaft wenig widerstandsfähige Gesundheit. Ich empfehle daher, Boas frühestens im Alter von drei Jahren zu verpaaren (bei langsam wachsenden Unterarten erst mit vier Jahren) und die Weibchen zur besseren Erholung zwischen den Würfen nur alle zwei Jahre zur Zucht einzusetzen.

Für die Züchter reiner Unterarten bzw. Lokalformen ist natürlich auch die so genannte „Zuchtauswahl" wichtig. Hier geht es darum, Tiere mit gleichem Ursprung zu verpaaren, so dass die Formen rein erhalten werden und nicht weitere „Mixed Boas" entstehen. Auch bei der Zucht von Farbvarianten sucht der Züchter Tiere mit den geeigneten genetischen Eigenschaften für die Paarung aus, um das Zuchtziel zu erreichen. In jedem Fall sollte bei der Auswahl der Elterntiere darauf geachtet werden, dass Inzucht vermieden wird! Die besten Zuchtpartner sind also Boas, die nicht verwandt sind. Die stetige Verpaarung von Geschwistern, wie sie häufig von Hobbyzüchtern vollzogen wird, kann bei den Tieren der kommenden Generationen zu schweren genetisch bedingten Schäden führen und die Zahl der gesund geborenen Jungtiere deutlich herabsetzen. Wie erwähnt ist es daher also sinnvoll, dass die Männchen des Bestandes nicht mit den Weibchen verwandt sind!

Zuchtvorbereitung

Schon lange vor der eigentlichen Paarungszeit beginnt die Vorbereitung auf die Zucht. So benötigen die Weibchen für die lange, zehrende Trächtigkeit ausreichende Fettreserven, die durch ein forciertes Füttern langsam aufgebaut werden. Von Frühling bis Anfang Herbst erhalten für die Zucht geplante Weibchen daher alle sieben bis zehn Tage so viele Futtertiere, bis sie nicht mehr fressen mögen. Nun können neben Ratten auch die größeren, fettreichen Meerschweinchen und Kaninchen verfüttert werden. Zu dieser Zeit nehmen die Zuchtweibchen in der Regel zwei bis drei größere (nicht zu große!) Futtertiere pro Mahlzeit an. Diese Fütterungsmethode sorgt dafür, dass die Weibchen vor allem an den Flanken und im hinteren Körperdrittel Fettreserven speichern, die während der Trächtigkeit wieder abgebaut werden. Ohne eine bestimmte Menge dieser Fettreserven schreitet ein Boa-Weibchen nicht zur Paarung. Der Schwellenwert ist aber bei jedem Tier etwas unterschiedlich.

Die Männchen nehmen während der Paarungszeit keine Nahrung auf, sie benötigen also keine sonderlich großen Fettreserven und können somit das Jahr über normal gefüttert werden. Man sollte aber schon im Vorfeld darauf achten, dass die Männchen nicht zu fett werden, da dies, wie erwähnt, einen negativen Einfluss auf die Paarungsaktivitäten haben kann. Sollte das Männchen im Spätsommer etwas dünn erscheinen, so können einige zusätzliche Fütterungen eingelegt werden.

Im September wird die forcierte Fütterung der Weibchen beendet und nur noch alle zwei Wochen ein größeres oder zwei mittelgroße Futtertiere angeboten. Spätestens Ende Oktober stellen beide Geschlechter im Allgemeinen die Nahrungsaufnahme ein.

Südboas (*Boa constrictor occidentalis*) benötigen einen „Winter", um in Paarungsstimmung zu geraten. Foto: B. Love/Blue Chameleon Ventures

Neben der Ernährung ist auch die Haltung der Tiere vor der Zucht zu überdenken. Bei „Mixed-Boas" und einigen Gruppen von *B. c. imperator* hat sich gezeigt, dass es auch bei einer ganzjährigen Vergesellschaftung der Tiere durchaus zu Nachzuchten kommen kann. Meistens sind die Befruchtungsergebnisse allerdings nicht berauschend. Daher scheint eine Trennung der Geschlechter in den letzten Monaten vor der Paarungszeit ratsam. Bei *B. c. constrictor* und *B. c. amarali* beispielsweise ist die Trennung für eine Nachzucht beinahe immer unabdinglich. Für all jene Halter, die ihre Tiere ohnehin einzeln halten, entfallen diese Überlegungen natürlich.

Sind die Tiere vor der Paarungszeit getrennt, so ist es sinnvoll, das Weibchen schon jetzt in dem Becken unterzubringen, in dem es auch während der Trächtigkeit leben soll. Während nämlich die Männchen eher „gelassen" auf das Umsetzen von einem Terrarium in ein anderes reagieren, sind Weibchen etwas sensibler und scheinen durch das Umsetzen unnötigen Stress zu erleiden. Es wurden allerdings auch erfolgreiche Zuchten erzielt, indem man das Weibchen zum Männchen setzte (vgl. BOSCH 1994).

Noch häufiger als über das Trennen von Abgottschlangen vor der Zucht wird über einen Temperatur- und Lichtzyklus diskutiert. Bei südlicheren Formen von *B. c. imperator* und „Mixed Boas" ist die Zucht meist auch ohne eine Veränderung der Beleuchtungs- und Temperaturparameter möglich. Diese Tiere paarten bei anderen Haltern und mir erfolgreich, obwohl sie das ganze Jahr unter konstanten Bedingungen gehalten worden waren. Allerdings schadete eine sechs- bis achtwöchige Phase mit verkürzter Lichtdauer und herabgesetzten Temperaturen den Boas nicht: Dieselbe Gruppe zeigte bei mir auch nach dieser „Behandlung" Paarungen.

Bei anderen Unterarten, vor allem *B. c. amarali* und der Süd-boa (*B. c. occidentalis*), scheint ein solcher „Winter" sehr wichtig für eine erfolgreiche Zucht zu sein. Übereinstimmend berichten Züchter dieser Unterarten davon, dass eine verkürzte Beleuchtungszeit – gekoppelt mit herabgesetzten Temperaturen – zur Paarungsauslösung essenziell sind. Dazu wird Ende Oktober begonnen, die Beleuchtungsdauer langsam zu senken, so dass sie im November nur noch etwa acht Stunden beträgt. Viele Züchter schalten das Licht im November sogar für vier bis sechs Wochen ganz aus (RONNE 1998). Gleichzeitig wird die Lufttemperatur um 5–8 °C gesenkt. Ende November werden „Sonnenscheindauer" und Temperatur langsam wieder den ursprünglichen Werten angepasst, wobei diese Steigerung der Lichtdauer und Temperatur deutlich schneller verlaufen kann als die Absenkung in den Wochen zuvor.

Bei der aus den äquatornahen Gebieten stammenden *B. c. constrictor* ist eine Veränderung der Lichtverhältnisse nicht nötig, jedoch ist auch bei dieser Unterart eine Temperaturabsenkung für sechs bis acht Wochen wichtig. Niemals sollten die Temperaturen dabei unter 20–22 °C fallen, da sonst die Gefahr von Erkältungen steigt (s. BINDER & LAMP in Vorb.). Eine erhöhte Luftfeuchtigkeit innerhalb dieser Zeit kann ebenfalls dazu bei-

Zu Beginn des Paarungsvorspiels „kratzt" das Männchen mit seinen Afterspornen an den Flanken des Weibchen.   Foto: S. Binder

tragen, dass die Paarungsaktivitäten erfolgreich verlaufen.

Nach Ende der „Winterphase" zeigen die Tiere einen erhöhten Drang, sich zu bewegen. Werden sie nun zusammengesetzt, kommt es meist schnell zu Paarungsvorspielen, vor allem, wenn zwei Männchen beteiligt sind. Ab diesem Zeitpunkt sollte die Beheizung wieder wie üblich erfolgen, damit das Weibchen die befruchteten Eier auf die passende Temperatur bringen kann.

Einige Wochen können diese Paarungsvorspiele dauern, bis

Zum Paaren schlingt das Männchen seinen Schwanz um das Weibchen — wenn dieses es zulässt.
Foto: S. Binder

die Prä-Ovulations-Schwellung (s. u.) eintritt. In dieser Zeit verfolgen die Männchen die Weibchen quasi ständig, suchen Körperkontakt und führen ihre aufgestellten Aftersporne an den Flanken der Weibchen entlang, was manchmal ein „kratzendes" Geräusch verursacht. Anscheinend ist dieses Vorspiel für die Auslösung der Ovulation wichtig.

Paarung und Trächtigkeit

Das deutlichste Zeichen dafür, dass das Weibchen paarungsbereit ist, ist die Prä-Ovulations-Schwellung. Drei Wochen vor dem eigentlichen Eisprung (Ovulation) fällt sie deutlich auf, da das Weibchen in dieser Zeit meist etwas ausgestreckt daliegt, was für eine Boa sehr untypisch ist. Das Weibchen gibt aber wahrscheinlich auch schon vor dieser Schwellung Pheromone ab, um dem Männchen die kommende Paarungsbereitschaft zu signalisieren. Ist das Männchen ebenfalls „in Stimmung", steht einer erfolgreichen Paarung nun nichts mehr im Wege.

Nach diesem mehrwöchigen Vorspiel finden die Paarungen und die eigentliche Ovulation statt. Auch jetzt schwillt die weibliche Boa im hinteren Körperdrittel an und wird etwas dunkler. Meistens erfolgen die Paarungen nachts. Die Kopulationen erstrecken sich über mehrere Tage bis Wochen, wobei manche Männchen auch mehrtägige Pausen einlegen. Weibliche Boas sind übrigens in der Lage, Sperma zu speichern.

Etwa fünf bis zehn Tage nach der Ovulation geht das Weibchen in eine weitere Häutungsphase, und die Augen werden milchig. Es bahnt sich die Post-Ovulations-Häutung an. Diese Häutungsphase dauert deutlich länger als eine wachstumsbedingte Häutung, nämlich 15–21 Tage (s. BINDER & LAMP in Vorb.).

Ist der Halter sich sicher, dass die Paarungen erfolgreich waren und dass das Weibchen nun trächtig ist, so sollte das Männchen aus dem Terrarium des Weibchens entfernt werden, damit es das Weibchen nicht durch weitere Paarungsversuche stresst. Das Boa-Weibchen braucht nun so viel Ruhe wie möglich. Während der Trächtigkeit sind Abgottschlangen-Weibchen sehr wärmebedürftig und liegen meist auf der Heizung in einem engen „Teller", also völlig aufgerollt.

Im Lauf der Trächtigkeit wird die Boa im vorderen Körperabschnitt immer dünner, während das letzte Körperdrittel deutlich an Massigkeit zunimmt – bis zur fünften Woche vor der Geburt. Zu diesem Zeitpunkt wird die Boa wieder etwas dünner, was durch bestimmte Entwicklungsstadien der Jungen hervorgerufen wird und völlig natürlich ist. Erst einige Tage vor der eigentlichen Geburt wird das Weibchen wieder aktiver und scheint nach einem passenden Platz für die Niederkunft zu suchen. Ein bis zwei Tage vor der Geburt führt die Boa schleimigen Kot und Urat ab und bleibt danach meist ruhig am späteren Platz der Geburt liegen.

Die Geburt

Etwa 100–120 Tage nach der Post-Ovulations-Häutung bringt die weibliche Boa ihre Jungen zur Welt. Theoretisch kann diese Geburt zu jedem Zeitpunkt im Jahr erfolgen (genauso wie die Paarung), allerdings berichten die meisten Halter von Geburten in den Monaten Mai bis August (vgl. auch ROSS & MARZEC 1994). Diese Geburtstermine schwanken anscheinend je nach Region und Wetterbedingungen. In vielen Fällen ist der Tag der Ablage der Jungen nämlich ein Regentag (oder ein Tag mit geringem Luftdruck; vgl. RONNE 1998).

Am häufigsten sind Geburten während der Abend- und Nachtstunden in einem Versteck oder in einer Ecke des Terrariums zu verzeichnen. Dort beginnt das Weibchen, den Schwanz etwa im 45°-Winkel aufzustellen und zu pressen, so dass sich nach einiger Zeit alle Jungen in ihren Eihüllen sowie ggf. unbefruchtete „Wachseier" und jede Menge „Geburtsflüssigkeit" auf dem Terrarienboden befinden. Der gesamte Vorgang kann mehrere Stunden in Anspruch nehmen, wobei man das oft aggressiv reagierende Weibchen nicht stören sollte.

Sind alle Jungen auf der Welt, können sie vorsichtig aus dem mütterlichen Terrarium genommen werden. Manchmal ist es sinnvoll, das meist um sich beißende Weibchen zunächst aus dem Becken zu entfernen, um die Jungtiere danach etwas einfacher herausholen zu können.

Aufzucht der Jungboas

Die neugeborenen Boas können in kleinen Gruppen oder einzeln aufgezogen werden. Der Einzelaufzucht ist dabei immer der Vorrang zu geben, da der Halter so die genaue Kontrolle hat, wann welches Jungtier frisst und kotet. Aus diesem Grund eignen sich große Plastik-Terrarien („Fauna Boxen") ganz gut für die Aufzucht. Als Bodengrund werden lediglich durchnässte Zellstoff- oder Frottee-Tücher verwendet. Zusätzlich darf natürlich in keinem dieser kleinen Terrarien ein gefülltes Wassergefäß fehlen. Werden diese Plastikbecken nun an einem Ort mit etwa 29 °C untergebracht, entwickeln sich die Jungtiere sehr schnell. Dabei hat sich die „Terrarien im Terrarium"-Methode bewährt, bei der viele „Fauna Boxen" in ein großes, beheiztes und beleuchtetes Terrarium gestellt werden.

Junge Boas haben noch eine Nabelschnur, mit der sie im Mutterleib mit dem Eidotter verbunden waren.

Die Boa-Jungen durchstoßen die Eihülle selbstständig, ihre Mutter hilft ihnen nicht. Foto: J. Ronne/The Boaphile

Diese Nabelschnur trocknet langsam ein und fällt nach einigen Tagen von alleine ab. Während der ersten Woche ist daher ganz besonders darauf zu achten, dass das Bodensubstrat der kleinen Terrarien nicht austrocknet – sonst würden die Jungen mit der Nabelschnur am Terrarienboden festkleben.

Nachdem die Nabelschnur abgefallen ist, folgt bald die erste Häutung der Jungboas. Kurz danach können die Jungen das erste Mal gefüttert werden. Meist nehmen sie lebende Mäusebabys recht willig an. Zwangsfütterungen junger Boas sind selten nötig – man sollte den Jungen ausreichend Zeit lassen. Manchmal hat es Erfolg, die Jungtiere in einem engen (belüfteten) Gefäß zusammen mit einem

Boa-Wurf mit Jungtieren in ihren Eihüllen, Wachseier
Foto: J. Ronne/The Boaphile

toten Mäusebaby über Nacht einzusperren – viele Jungtiere nehmen ihre erste Nahrung in dieser Situation an.

Junge Boa bei der ersten Mahlzeit
Foto: S. Binder

Krankheiten und Parasitosen

Dieses Kapitel ist recht kurz gefasst und gibt nur einen kleinen Überblick über die Erkrankungen von Abgottschlangen, um eine erste Diagnose stellen zu können. Das Kapitel soll aber keine Anleitung zur eigenmächtigen Behandlung der Tiere sein (weswegen genaue Dosierungen für Medikamente nicht angegeben werden). Es gibt inzwischen Tierärzte, die sich auf die Behandlung von Reptilien spezialisiert haben und bei schweren Fällen oder unklarer Situation unbedingt konsultiert werden sollten!

Solch einen versierten „Reptilien-Tierarzt" zu finden, ist aber keineswegs einfach. Terraristik-Fachgeschäfte, erfahrene Halter, die DGHT oder ein naher Zoo können helfen, die Adresse eines fähigen Veterinärs herauszufinden. Besonders wichtig ist dabei der Rat anderer Halter, denn nicht jeder selbst ernannte „Reptilien-Tierarzt" kennt sich wirklich aus.

Bevor Sie den Weg zum Tierarzt antreten, sollten Sie sich schon einmal überlegen, was Ihnen an dem Tier aufgefallen ist. Veränderungen im Äußeren sind genauso wichtig wie Veränderungen des Verhaltens. Immerhin kennt niemand das Tier so gut wie Sie! Vielleicht können Sie nach der Recherche in diesem Buch oder anderer Literatur auch schon eine erste Idee mitbringen, um welche Krankheit es sich handelt. Dann merkt der Tierarzt, dass Sie kein „Unwissender" sind. Hat die Schlange kurz zuvor gekotet, nehmen Sie eine (noch feuchte!) Probe davon (z. B. in einer Filmdose) mit, wenn eine Erkrankung bzw. Parasitose des Magen-Darm-Apparates nicht auszuschließen ist. Achten Sie beim Transport einer geschwächten Boa noch mehr als sonst auf Thermostabilität (s. „Erwerb der Boa"). Ein Kälte- oder Hitzeschock kann der Krankheit weiteren Vorschub leisten.

Grundsätzlich sollte mit Medikamenten sehr kritisch umgegangen werden, da es kaum Präparate gibt, die speziell für Reptilien hergestellt werden. Besonders bei der Gabe von Antibiotika sollte man vorsichtig sein, wobei die Antibiotika-Verordnung ausschließlich Tierärzten obliegt! Wenn eine antibiotische Behandlung jedoch nicht zu verhindern ist, muss sie in jedem Fall lange genug durchgeführt werden, um die Ausbildung von Resistenzen bei den Erregern auszuschließen. Vor der Behandlung mit Antibiotika empfiehlt es sich daher auch, einen Resistenztest an dem entsprechenden Erreger zu machen.

Medikamente können bei Schlangen – je nach Präparat – am besten durch den Mund (oral), eventuell mit Hilfe einer Magensonde, verabreicht oder unter die Haut gespritzt werden (subcutan). Antibiotische Salben werden mehrmals täglich vorsichtig auf die entsprechenden Hautstellen aufgetragen. Diese Verabreichungen müssen nach der Behandlung beim Tierarzt häufig vom Halter des Tieres fortgeführt werden. Dabei sollte sich der Terrarianer genau zeigen lassen, was er zu tun hat. Das Spritzen von Schlangen geschieht beispielsweise am besten im letzten Körperdrittel der Schlange (am Übergang vom Rücken zur Flanke), weil Riesenschlangen dort weniger schmerzempfindlich zu sein scheinen (FEHR, pers. Mittlg.). Von der in der Literatur beschriebenen Methode, am Übergang vom ersten zum zweiten Körperdrittel zu injizieren (s. STÖCKL 1996), muss dringend abgeraten werden, da sich in diesem Bereich das Herz der Abgottschlange befindet. Durch eine Abwehrbewegung der Schlangen kann sich die Kanüle somit bis in den Herzbeutel bohren, was den Tod der Schlange zur Folge haben kann. Ein solcher Fall ist bereits bekannt geworden (FEHR, pers. Mittlg.).

So sehen gesunde Boas aus

Es ist oft gar nicht so einfach, eine kranke Abgottschlange von einer gesunden zu unterscheiden. Dies ist in einer natürlichen Verhaltensweise begründet, die von vielen Reptilien und anderen Tieren bekannt ist. So „zeigen" auch Boas erst so spät wie möglich, dass ihnen etwas fehlt. Dies kann in der Natur überlebenswichtig sein, denn ein offensichtlich erkranktes, schwaches Tier zieht sofort die Aufmerksamkeit von Fressfeinden auf sich. Im Terrarium jedoch ist dieses Verhalten eher hinderlich, da die Krankheit teilweise erst im Endstadium auffällt. Daher muss der Halter – beim Kauf und auch später bei den regelmäßigen Kontrollen der Tiere – auf kleinste Veränderungen bei seinen Boas achten.

Krankheitsanzeichen lassen sich vor allem durch eine Betrachtung der Haut sowie der Mund- und Nasenöffnungen erkennen. Zudem können Ausscheidungen der Schlangen sehr „aussagekräftig" sein. Neben Verletzungen gilt die Suche vor allem Parasiten aller Art.

Während Zecken nur bei Wildfängen auftreten, sind besonders Milben unter den Ektoparasiten recht häufig in deutschen Boa-Beständen. Oft werden sie unwissentlich mit Kork, Bodengrund oder neuen Tieren eingeschleppt. Liegt ein Milbenbefall vor, erkennt man kleine schwarze „Pünktchen" auf der Haut der *Boa constrictor*, die sich teilweise bewegen. Milben sind sehr klein und hartnäckig, wenn es um ihre Bekämpfung geht. Trotzdem schadet nur ein massenhafter Befall durch diese Parasiten einer Boa. Jedoch sollte man nicht unterschätzen, wie schnell sich die Milben vermehren, wenn man nichts gegen sie unternimmt!

Was den äußeren Zustand der Boa angeht, sollte das Augenmerk zunächst auf der Konstitution liegen. Wenn die Abgottschlange abgemagert ist und Hungerfalten aufweist, kann dies ein Zeichen für Innenparasiten und verschiedene Krankheiten sein. Achten Sie zudem auf Hautverletzungen, z. B. Bisswunden oder Verbrennungen, sowie auf nicht vollständig gehäutete Körperstellen. Vor allem die so genannte „Brille", also die Schuppen über den Augen, sollten stets gehäutet sein. Werden diese Schuppen nicht mitgehäutet, erscheinen die Augen matt und nicht klar. Solche Häutungsreste sind ein Anzeichen für eine zu trockene Haltung und eventuell für einen schlechten Allgemeinzustand. Eine zu trockene Haltung fällt meist auch durch Häutungsreste in Form von Fetzen auf. Häutet sich die Schwanzspitze der Boa nicht vollständig, kann sich diese schwarz verfärben und absterben – auch hierauf ist ein besonderes Augenmerk zu richten.

Außerdem ist das Verhalten der Boa bei einer solchen „Grunduntersuchung" zu beachten: Bewegt sich die Schlange flüssig, züngelt sie aufmerksam und verhält sich normal? Unkoordinierte Körperbewegungen können ein Anzeichen von Störungen des Nervensystems sein! Auch ein Blick in den Mund darf bei einer solchen Untersuchung nicht fehlen. Öffnen Sie das Maul der Schlange dazu vorsichtig mit einem Holzspatel. Mundraum und Rachen sollten niemals rote Stellen, weiße Flecken oder größere Mengen Schleim aufweisen, sondern eine einheitliche hellrosa Färbung. Zudem muss sich die Schnauze der Schlange in Ruhelage vollständig schließen. Ein stets leicht offen stehender Mund ist ein Zeichen für eine Erkrankung der Atemwege! Die Boa darf beim Atmen keinesfalls deutlich hörbare „rasselnde" Geräusche erzeugen!

Auch der Kot einer Boa kann gute Dienste bei der Beurteilung des Gesundheitszustands leisten. Er sollte fest und dunkelbraun sein. Breiiger, übel riechender Kot weist auf eine Erkrankung des Magen-Darm-Traktes hin – außer, es wurde Geflügel verfüttert. Genauere Ergebnisse bekommt man, wenn der Kot in einem entsprechenden Institut untersucht wird.

Gesunderhaltung

Anstatt eine Boa zu therapieren, ist es natürlich sinnvoller, erst gar keine Erkrankungen aufkommen zu lassen. Dies ist ein wichtiger Punkt in der Boiden-Haltung, denn Vorsorge ist auch hier besser als Nachsorge!

Grundsätzlich sind Boas nicht sonderlich krankheitsanfällig, wenn sie bei den richtigen Temperatur- und Luftfeuchtigkeitswerten gehalten werden. Starke Schwankungen dieser Parameter können z. B. zu einer Erkrankung der Atemwege führen. Eine regelmäßige (am besten tägliche) Kontrolle von Thermo- und Hygrometer ist also angebracht. Auch sollten die Regel- oder Heiztechnik auf Defekte hin überprüft werden. Ein weiterer Grund für eine Schwächung des Immunsystems kann übrigens Stress sein, was leider allzu selten

Boas sind nicht krankheitsanfällig. Foto: S. Binder

bedacht wird. Hier liegen die Gründe beispielsweise in rivalisierenden Männchen, zu enger Haltung oder zu großer Besatzdichte. Diese „Gefahrenquelle" können Sie nur erkennen, wenn Sie Ihre Tiere täglich genau beobachten.

Zur Gesunderhaltung von Abgottschlangen trägt zudem natürlich eine gute körperliche Konstitution bei. Die Tiere dürfen also weder zu fett noch unterernährt sein. Abwechslungsreiche Fütterung sorgt für eine angemessene Versorgung mit Spurenelementen (s. „Ernährung von Boas").

Ein weiterer wichtiger Punkt ist die Vermeidung von Verletzungen. Achten Sie schon beim Terrarienbau darauf, dass beispielsweise Schrauben nicht heraustehen, und auf eine ausreichende Sicherung der Wärmelampe! Bei der abendlichen Beobachtung der Tiere auf ihren Routen durchs Becken bemerkt man teilweise versteckte Gefahrenquellen, an die man zuvor nicht gedacht hat.

Es sollten übrigens alle Tiere, die Anzeichen für eine übertragbare Krankheit oder Parasitose aufweisen, möglichst schnell in ein separates Quarantänebecken überführt werden, so dass sich andere Tiere nicht anstecken können (s. Kapitel „Quarantäne"). In einem solchen Fall empfiehlt sich zudem eine Desinfektion aller Einrichtungsgegenstände und des Terrariums selbst. Das hört sich vielleicht ein bisschen übertrieben an, kann aber – wenn mehrere Boas gehalten werden – eine Epidemie verhindern!

Doch trotz aller Vorsichtsmaßnahmen kann es ab und zu dazu kommen, dass eine *Boa constrictor* krank wird. Für eine erfolgreiche Genesung ist es unerlässlich, dass die Krankheit schon in einem frühen Stadium erkannt wird!

Hauterkrankungen

Hautkrankheiten treten recht häufig bei Boiden auf. Die Gründe können vielseitig sein, meist sind Wunden, die durch Verletzungen oder Außenparasiten entstanden, die Wegbereiter für verschiedene Bakterien oder Pilze. Bei allen Hauterkrankungen ist eine äußerst hygienische Haltung auf Papier oder Frotteetüchern über längere Zeit nötig!

Ursachen für **Verletzungen** sind oft falsche Haltungsbedingungen. Häufig sind außerdem Bissverletzungen durch lebende Futtertiere oder Artgenossen, manchmal treten auch Entzündungen im vorderen Kopfbereich auf, die durch scharfe Kanten im Terrarium verursacht werden. Kleinere Verletzungen dieser Art können mit einer milden antibiotischen Salbe oder einfach mit einen Desinfektionsmittel (z. B. Kodan®) behandelt werden. Auf diese Weise soll verhindert werden, dass Mikroorganismen die offene Wunde als Siedlungsraum nutzen. Die Narben kleinerer Verletzungen sind meist schon nach drei bis vier Häutungen nicht mehr auszumachen, bilden aber bis dahin eine Barriere, die die Häutung erschwert. Bei Verbrennungen ist dann kaum eine Behandlung nötig, wenn das Gewebe völlig verödet ist und die verbrannten Stellen nicht zu groß sind. Lediglich eine Desinfektion sollte trotzdem zur Sicherheit erfolgen.

Hautentzündungen sind häufig die Folge einer nicht behandelten Verletzung. Man erkennt sie daran, dass die Haut an der betreffenden Stelle rötlich unterlaufen wirkt, manchmal erscheinen die Schuppen darüber wellig und weich, oder es entstehen Verkrustungen. Solche Infektionen können durch Bakterien oder Pilze hervorgerufen werden, manchmal kommen auch Mischinfektionen vor. Je nach Erregerart muss eine gesonderte Behandlung erfolgen. Bei Hautentzündungen ist ein Besuch bei einem reptilienspezialisierten Tierarzt angebracht, der den Erregertyp mittels Abstrich ermittelt. Pilze werden z. B. mit Canesten® oder anderen fungiziden Salben oder Pulvern vom Tierarzt behandelt. Die Therapie erfolgt über mehrere Tage und kann vom Halter zu Hause weitergeführt werden. Bei bakteriellen Entzündungen der Haut (bakterielle Dermatitis) ist eine Behandlung mit einprozentiger alkoholischer Gentiana-Violett-Lösung (s. BOSCH 1994) oder antibiotischen Salben erfolgversprechend. Die Behandlung hat über zwei bis drei Wochen täglich zu erfolgen (KLINGENBERG 1998). Selten, aber gefährlich ist eine nekrotische Dermatitis (oft auch „Bläschenkrankheit" genannt), die sich durch flüssigkeitsgefüllte Cysten und bräunlich rot unterlaufene Stellen bemerkbar macht (JAROFKE & LANGE 1993; KLINGENBERG 1998). Sie tritt bei deutlich zu feucht gehaltenen Tieren auf. In diesem Fall müssen die Bläschen gespalten, entleert und mit einem Breitbandantiseptikum oder Wasserstoffperoxid vom Tierarzt behandelt werden (KIRSCHNER & SEUFER 1995; HALLMEN & CHLEBOWY 2001).

Beulenartige bis kugelige Ausstülpungen der Haut sind meist ein Zeichen für **Abszesse** oder **Tumoren**. Bei Abszessen sind Bakterien verschiedener Gattungen der Grund für das Krankheitsbild. Zu große Feuchtigkeit, Verletzungen und Außenparasitenbefall fördern die Entstehung solcher Erkrankungen (MARCUS 1983). Suchen Sie schnellstens einen versierten Tierarzt auf, meistens muss der Hautknoten nämlich punktiert oder gespalten werden. Bei Abszessen wird deren zähflüssiges Innere ausgespült, danach über einige Tage mit antibiotischen Salben oder Pudern (z. B. Terramycin®) nachbehandelt. Tumoren müssen vom Spezialisten entfernt werden, die Heilungschancen sind je nach Tumor sehr unterschiedlich. Auch Bandwurmlarven unter der Haut können ein beulenartiges Krankheitsbild auslösen (in der Regel nur bei Wildfängen; KLINGENBERG 1998). Auch hier ist eine Behandlung durch einen Tierarzt angesagt.

Wie bereits erwähnt, können **Häutungsprobleme** die Folge von zu trockener Haltung, in seltenen Fällen auch von Vitamin-A-Mangel sein. Meist häutet sich die Boa dann in Fetzen. Zur Entfernung von auf der Schlange verbliebenen Hautresten wird sie täglich zweimal in ein handwarmes Bad gesetzt, danach lässt man sie mehrfach durch ein Frotte-Handtuch kriechen. Kleinflächige Hautreste können nach diesem Bad mit einer Pinzette vorsichtig (!) entfernt werden. An sensiblen Stellen, wie etwa dem Kopf, hat eine Behandlung mit einer hochqualitativen, unparfümierten Handcreme gute Erfolge gebracht (KLINGENBERG 1998). Auch nicht mitgehäutete Augenschilde lösen sich meist nach mehrfacher Behandlung und werden von dem Tier dann selbst abgestreift. Die manchmal erwähnte Methode, nicht mitgehäutete Augenschilde mit Hilfe eines Klebestreifens zu entfernen (s. KIRSCHNER & SEUFER 1995), sei nicht empfohlen. Die Gefahr ist groß, dass die Boa bei sehr fest sitzenden Hautschichten durch diese Handhabung das Augenlicht verliert. Da meist eine zu trockene Haltung vorliegt, sollte die Luftfeuchtigkeit dauerhaft erhöht werden. Bei ständigen Häutungsproblemen hat sich zudem eine so genannte Schlupfbox bewährt. Sie besteht aus einem Gefäß mit einem Einstiegsloch, durch dass die Abgottschlange gerade noch hineinpasst. Einige Löcher im Deckel sorgen für eine ausreichende Belüftung. In der Schlupfbox befindet sich stark angefeuchtetes Substrat, so dass die Schlange diesen Ort bei gesteigertem Feuchtigkeitsbedürfnis vor der Häutung selbst aufsuchen kann.

Parasiten

Parasiten sind bei *Boa constrictor* recht häufig zu finden. Man unterscheidet Parasiten, die außen am Körper der Schlange zu finden sind (Ektoparasiten), und solche, die in den inneren Organen der Abgottschlange schmarotzen (Endoparasiten). Dabei sind Ektoparasiten längst nicht so gefährlich wie Endoparasiten, treten jedoch deutlich häufiger auf.

Ektoparasiten schädigen eine *Boa constrictor* nicht direkt so weit, dass sie stirbt, führen aber vor allem bei massenhaftem Auftreten zu einer deutlichen Schwächung des Tieres und zu Blutarmut. Zusätzlich schaffen diese Parasiten Wunden, die sich entzünden können. Ein Befall mit Ektoparasiten löst bei der befallenen Schlange Stressreaktionen aus.

Die recht großen Zecken sind inzwischen nur noch selten bei Boas zu finden und treten meist nur bei Wildfängen auf. Sie werden mit einer Zeckenzange aus dem Schlangenkörper gezogen und getötet. Die entstandene offene Wunde wird mit einem leichten Antiseptikum (z. B. Betaisodona®) mehrfach betupft.

Wesentlich hartnäckiger sind Milben, die immer wieder bei Schlangen auftreten können und deren Auftreten dauerhaft nur schwer zu verhindern ist. Bei Boas handelt es sich um **Schlangenmilben**

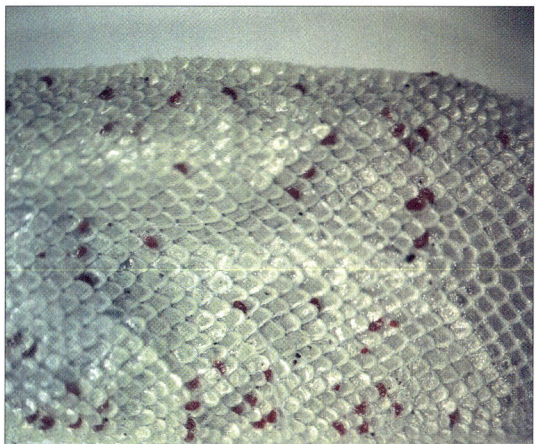

Milben können bei Massenbefall gefährlich werden.
Foto: F. Mutschmann

(meist *Ophionyssus natricis*). Ein Befall mit diesen nachtaktiven Spinnentieren erfolgt meist über Futtertiere, andere Schlangen, Einstreu oder Einrichtungsgegenstände. Der Befall von Milben zeigt sich meist schon recht früh, da Boas in diesem Fall häufiger baden als sonst. Auf der Haut erkennt man kleine rotbraune bis schwarze „Punkte" mit bis zu einem Millimeter Durchmesser, die sich teilweise bewegen. Saugende Milben hebeln häufig einzelne Schuppen hoch. Besonders häufig werden bei Boas die häutigen Augenränder befallen, die dann anschwellen können. Die befallenen Abgottschlangen müssen in einem hygienischen Quarantäne-Becken gehalten werden. Sämtliche Einrichtungsgegenstände und die Einstreu aus dem alten Terrarium sind nach Möglichkeit abzukochen oder wegzuwerfen; das Becken und seine Umgebung (!) sollten regelmäßig desinfiziert werden. Bei Boas hat sich eine Behandlung mit Blattanex®-Insektenstrips bewährt. Dieses Insektizid (Wirkstoff: Dichlorvos) ist als wachsartige Platte im Aufsteller zu bekommen und muss nach Gebrauchsanweisung auf den entsprechenden Luftraum des Terrariums (plus 30 % bei großen Lüftungsflächen) zugeschnitten werden. Dieses Stück wird in einem Netzbeutel im oberen Drittel des Becken aufgehängt und vor dem Zugriff der Boas gesichert. Der Strip sollte vier Tage im Becken bleiben. Nach weiteren drei Tagen wird ein neuer

Strip gleicher Größe für abermals vier Tage ins Terrarium gehängt, um die inzwischen geschlüpften Larven der Milben ebenfalls zu töten (HALLMEN & CHLEBOWY 2001). Gegebenenfalls ist diese Behandlung nach einer weiteren Woche zu wiederholen. Die Schlangenmilbe kann Erreger von Lungenentzündung, IBD und Mundfäule auf die Schlange übertragen (vgl. MARCUS 1983) und bei Massenbefall eine Anämie (Blutarmut) auslösen.

Seltener – mit Ausnahme von Wildfängen – sind **Endoparasiten** bei Boas zu finden, allerdings können diese Parasiten schwere Organschäden auslösen. Es gibt unter den Endoparasiten vor allem etliche Arten an Würmern und Einzellern (Protozoen). Zur Bestimmung der Endoparasiten, besonders des Magen-Darm-Traktes, sind stets Analysen des Kots von einem entsprechenden Institut (s. „Adressen") einzuholen!

Fadenwürmer (Nematoden) treten recht häufig im Magen-Darm-Trakt von Boiden auf. *Boa constrictor* kann dabei von verschiedenen Arten befallen sein; es muss also auch hier eine Kotprobe gewonnen und untersucht werden. Eine tägliche Behandlung mit dem gut verträglichen Panacur® über fünf Tage brachte vielfach gute Ergebnisse. Die orale Gabe sollte jedoch nicht – wie manchmal empfolen – selbst durchgeführt werden, sondern beim Tierarzt gelöst per Schlauchsonde direkt in den Magen erfolgen. Sind weitere Endo-

Schlangenmilbe (*Ophionyssus natricis*) von einer *Boa constrictor*
Foto: F. Mutschmann

und Ektoparasiten diagnostiziert worden, kann der Tierarzt ein Breitband-Antiparasitikum anweden (z. B. Ivomec® oder Frontline®).

Bandwürmer (Cestoden) und **Saugwürmer** (Trematoden) gehören ebenfalls zu den Darmparasiten von Boas. Die verschiedenen Arten von Cestoden (v. a. *Ophiotaenia*) werden hauptsächlich bei Wildfängen nachgewiesen und können chronische Darmentzündungen auslösen. Über den Kot werden Bandwurmeier abgegeben, weswegen auf strengste Sauberkeit geachtet werden muss. Eine sichere Diagnose ist nur durch eine Kotuntersuchung zu erreichen. Befallene Boas nehmen zwar Nahrung an, wachsen aber nicht oder nur geringfügig. Meist ist eine zweimalige Behandlung beim Tierarzt (bspw. mit Droncit®) nötig, um diese Parasiten abzutöten (BOSCH 1994; KIRSCHNER & SEUFER 1995). Trematoden können neben dem Magen-Darm-Trakt auch die Atmungsorgane befallen (MARCUS 1983) und werden genauso behandelt wie Cestoden.

Während etliche ungefährliche **Amöben** bei Reptilien auftreten können, ist die Art *Entamoeba invadens* für viele Todesfälle unter Schlangen verantwortlich. Häufig stirbt ein großer Teil des Bestandes, da die Amöben hochgradig ansteckend sind! Dieser Einzeller lebt im Dick- und Dünndarm von Boas und kann über das Blut auch in die Leber einwandern. Der Befall des Dickdarms hat die schlimmsten Folgen; die meisten Boas sterben an der Amöbiasis, bevor die einzelligen Parasiten die Leber erreichen (STÖCKL 1996). Ohne eine im frühen Stadium eingeleitete Therapie versterben 100 % der infizierten Tiere nach 13–77 Tagen (MARCUS 1983). Die Amöben sorgen im Darm für zunächst lokale Blutungen, in den betroffenen Stellen siedeln sich schnell Bakterien an, die wiederum Entzündungen hervorrufen. Äußerlich macht sich diese Erkrankung durch Auswürgen der Nahrung, breiigen Kot mit Blut- und Schleimhautbeimengungen sowie erhöhtes Trinkbedürfnis bemerkbar (vgl. BOSCH 1994). Häufig wird das letzte Drittel des Körpers nicht mehr eingerollt und ist an der Bauchseite schmerzempfindlich. Befallene Boas wirken matt und zeigen oft eine dunklere Färbung (STÖCKL 1996). Im Endstadium

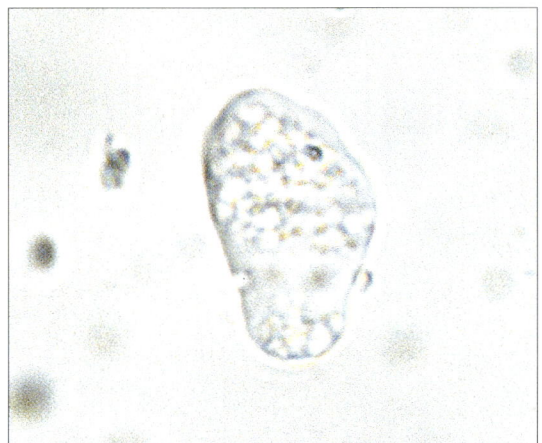

Entamoeba **spec. lebt im Dick- und Dünndarm von Boas.**
Foto: F. Mutschmann

wird jegliche Nahrung verweigert, die Schlange liegt völlig ausgestreckt da und zeigt starke Krämpfe bis zum Tod.

Für einen Nachweis dieser Protozoen ist die Untersuchung einer frischen Kotprobe nötig! Die Übertragung geschieht bei dieser Erkrankung durch mangelnde Sauberkeit (Schlangenhaken, Futterpinzette, Mensch), Futtertiere oder das Trinkwasser. Schildkröten sind starke Ausscheider von Amöben und sollten daher nicht mit Schlangen in Berührung kommen (MARCUS 1983). Die Zysten der Erreger werden mit dem Kot abgegeben und sind sehr ansteckend! Daher muss die Behandlung bei allen (!) Tieren, die mit dem kontaminierten Tier in Berührung kamen, vorgenommen werden, auch wenn nur ein Tier Symptome zeigt.

Eine Amöbiasis im Frühstadium kann mit Amöbaziden (z. B. Diloxanid® oder Clont®) vom reptilienerfahrenen Tierarzt behandelt werden (MARCUS 1983, BOSCH 1994, KIRSCHNER & SEUFER 1995). Eine zusätzliche Behandlung mit einem Antibiotikum ist zu erwägen. Die Therapie kann durch eine erhöhte Temperatur im Terrarium unterstützt werden (MARCUS 1983). Dabei muss aber der Wasserverlust des Tieres durch Gaben physiologischer Kochsalzlösung ausgeglichen werden! Im Anschluss an die Behandlung sollten zur Überprüfung der Heilung erneut Kotproben zur Untersuchung eingeschickt werden. Ist die Krankheit bereits fortgeschritten, ist eine Einschläferung sicher das beste.

Flagellaten gehören ebenfalls zu den Einzellern, die sehr schnell einen ganzen Bestand von Schlangen befallen können, allerdings sind derart drastische Folgen wie bei einer Amöbiasis selten. In den meisten Fällen sind sie nämlich natürliche Darmbewohner und lösen keine Krankheit aus (MARCUS 1983). Erst ein Massenbefall – verbunden mit einer bakteriellen Infektion – ist für Boiden gefährlich (KIRSCHNER & SEUFER 1995). Nach dem sicheren Nachweis durch eine Kotuntersuchung kann die Behandlung wie bei einer Amöbiasis erfolgen.

Reptilienkokzidien sind äußerst wirtsspezifische intrazelluläre Parasiten (MARCUS 1983), leben also nicht im Lumen eines Organs, sondern innerhalb der Zelle. Der Nachweis dieser Einzeller ist trotzdem mittels Untersuchung frischen Kots möglich, da Oocyten nach außen abgegeben werden. Dies ist auch der Übertragungsweg der Kokzidien von einer Boa auf die andere. Verlauf der Krankheit: Zunächst ständiges Hochwürgen der Nahrung, Gewichtsabnahme und feste Schwellung der Körpermitte (MARCUS 1983). Eine Behandlung der Infektion kann beim Tierarzt mit Sulfamethazinen über mehrere Tage erfolgen (KIRSCHNER & SEUFER 1995). Infektionen mit **Kryptosporidien** (*Cryptosporidium* ssp.), einer Gattung der Kokzidien, wurden erst in den letzten 20 Jahren beschrieben. Die Infektion von Boas erfolgt meist über den Mund durch in der Umgebung befindliche Oocyten des Erregers. Boas können gegen eine Infektion durch diesen parasitischen Einzeller allerdings resistent sein. Schlangen mit leichter bis starker Kryptosporidiose zeigen die typischen Anzeichen einer Kokzidiose. Derzeit gibt es meines Wissens kein probates Mittel zur Behandlung dieser Krankheit, weswegen die meisten befallenen Boas sterben. Die Zahl der an Kryptosporidiose erkrankten *Boa constrictor* nimmt derzeit stark zu.

Bei *Boa constrictor* wurden zudem schon häufiger verschiedene Arten an **Salmonellen** im Kot nachgewiesen, die allerdings den Tieren selbst meist wenig Beschwerden machen. Salmonellen können u. U. aber auf den Menschen übertragen werden! Nur unter Stress (z. B. Wasserentzug) entsteht auch bei Boas eine Salmonellose, die vom Tierarzt behandelt werden muss.

Mundfäule

Die **Mund-** oder **Maulfäule** (Stomatitis ulcerosa) ist eine Infektion der Mundschleimhaut durch verschiedene Bakterien (v. a. *Aeromonas hydrophila*), die zu Schwellungen und käseartigem Ausfluss führt; im Endstadium ist auch Zahnausfall häufig, und das Maul kann nicht mehr völlig geschlossen werden (vgl. MARCUS 1983). Eine beginnende Mundfäule ist durch stark gerötetes Zahnfleisch gekennzeichnet, das im späteren Krankheitsverlauf blass erscheint. Häufig treten auch Futterverweigerung, Blutungen am Zahnfleisch, eitrige und nekrotische Beläge, kraterförmige Abszesshöhlen, vermindertes Züngeln und Verschleimung des Rachens auf (BOSCH 1994, KIRSCHNER & SEUFER 1995). Die gleichen Bakterien werden auch für Lungen- und Magen-Darm-Entzündungen verantwortlich gemacht.

Die Möglichkeit zur Einnistung der Bakterien ist in Verletzungen des Rachenraumes (z. B. durch unsachgemäße Zwangsfütterung), schlechtem Allgemeinzustand sowie manchmal Vitamin-A- und/oder Vitamin-C-Mangel begründet (MARCUS 1983). Ohne eine Behandlung sterben Schlangen an der Stomatitis, selbst bei erfolgreicher Behandlung können Boas aber ihren Geruchssinn im Jacobsonschen Organ verlieren. Diese Krankheit ist hochgradig ansteckend! Eine Therapie durch eine Wundbehandlung mit Wasserstoffperoxid (3 %ig H_2O_2) oder mit einem Sulfonamid sollte schnellstmöglich beim Tierarzt eingeleitet werden und ggf. daheim fortgeführt werden. Es kann einige Zeit dauern, bis die Syptome deutlich nachlassen. Zusätzlich sollte eine langzeitige Behandlung mit einem Antibiotikum eingeleitet werden (s. MARCUS 1983). Bei schlechtem Allgemeinzustand ist eine Gabe von Elektrolytlösung (z. B. Amynin®) oder Ersatznahrung zur Kräftigung der Boa nötig (KIRSCHNER & SEUFER 1995). Zur Unterstützung der Behandlung müssen die erkrankten Tiere jeweils einzeln gehalten werden. Das Quarantäne-Becken sollte mindestens täglich komplett desinfiziert werden. Zudem ist eine Erhöhung der Lufttemperatur angebracht (KLINGENBERG 1998).

Erkrankungen des Magen-Darm-Trakts

Eine **Magen-Darm-Entzündung** (Gastro-Enteritis) wird oft durch verschiedene Endoparasiten ausgelöst (s.u.) und kann unterschiedliche Krankheitsbilder zeigen. Die eigentliche Entzündung hat bakteriellen oder mykotischen Ursprung. Symptome sind Auswürgen der Futtertiere am ersten bis dritten Tag nach der Nahrungsaufnahme, häufiges Trinken und meist ein breiiger, übel riechender Kot von manchmal gräulicher Färbung, der die Kloake verkleben kann (vgl. BOSCH 1994). Manchmal fallen auch eine ausgestreckte Körperhaltung, Abmagerung, völlige Futterverweigerung und ein aufgeblähter Bauch auf. Eine differenzierte Kotuntersuchung gibt im Allgemeinen Aufschluss über die Krankheitsursache und damit über die folgenden Behandlungsschritte beim Tierarzt. Die Verabreichung eines Antibiotikums gegen eine bakterielle Infektion ist in der Regel unausweichlich (BOSCH 1994), zudem muss die auslösende Ursache der Entzündung (z. B. Endoparasiten) bekämpft werden. Zusätzlich sollte einer Dehydrierung der Schlange, ggf. durch Injektionen von physiologischer Kochsalzlösung oder Amynin®, entgegengewirkt werden. Das Auswürgen von Nahrung kann übrigens auch durch zu kalte Haltung, Stress, verschluckte Partikel und Austrocknung hervorgerufen werden (s. „Ernährung").

Erkrankungen der Atemwege

Erkrankungen der Atemwege gehören zu den „geläufigen" Problemen bei *Boa constrictor*. Am häufigsten sind **Erkältungen** festzustellen, die auf Zugluft oder falscher Haltung beruhen und durch einen leichten Nasenausfluss auffallen. Ein frühzeitiges Erkennen der Erkältung ist essenziell, denn wenn die Haltungsmängel nicht sofort beseitigt werden, entwickelt sich innerhalb weniger Tage eine Lungenentzündung. Eine solche **Lungenentzündung** (Pneumonie) kann von verschiedenen Erregerarten (Bakterien, Mycobakterien, Pilze, Lungenwürmer) ausgelöst werden. Die meisten Pneumonien werden allerdings durch *Aeromonas hydrophila* verursacht. Dieses Bakterium ist auch für Mundfäule (s. o.) verantwortlich. Allein das Einatmen von Ausflüssen einer Mundfäule-Infektion kann bei geschwächten Tieren eine Lungenentzündung auslösen (MARCUS 1983). Eine Ansteckung anderer Schlangen ist wahrscheinlich über die Luft möglich, weswegen eine Quarantäne der erkrankten Tiere unumgänglich ist. Eine Pneumonie ist oft eine Sekundärinfektion bei geschwächten Tieren (z. B. mit starkem Parasitenbefall) oder tritt nach plötzlichen Temperaturwechseln, Zugluft und zu kühlen Lufttemperaturen im Terrarium gehäuft auf (MARCUS 1983). Typische Krankheitsanzeichen sind leicht geöffnetes Maul, Schleim und Bläschen vor Mund und Nasenöffnungen, röchelnde oder quietschende Atemgeräusche, begleitet von Lust- und Appetitlosigkeit (vgl. BOSCH 1994; STÖCKL 1996; MARCUS 1983).

Bei diesem Krankheitsbild ist vom Tierarzt ein Abstrich aus der Luftröhre zu nehmen, um den Erregertyp aus dem entnommenen Schleim festzustellen. Sind Bakterien der Grund der Lungenentzündung, muss sofort mit einem entsprechenden Antibiotikum behandelt werden. Zusätzlich wird eine Erhöhung der Umgebungstemperatur auf über 33 °C empfohlen (MARCUS 1983). Alle kontaminierten Gegenstände sowie das gesamte Terrarium sind zu desinfizieren! Lungenentzündungen enden, wenn sie nicht behandelt werden, meist nach etwa zwei Wochen tödlich (MARCUS 1983).

IBD

IBD (Inclusion Body Disease) war bis vor wenigen Jahren unter Herpetologen und Terrarianern nur wenig bekannt, neuere Forschungen zeigen aber, dass es sich dabei wahrscheinlich um eine sehr schwerwiegende Erkrankung von Boiden handelt, die in letzter Zeit immer häufi-

Boa constrictor **mit fortgeschrittener Lungenentzündung.**

Foto: F. Mutschmann

ger auch bei in Deutschland gehaltenen *Boa constrictor* nachgewiesen wird. IBD ist eine ansteckende Viruserkrankung, die derzeit unheilbar ist! Inzwischen lässt sich das Virus allerdings auch beim lebenden Tier anhand einer Leberprobe nachweisen werden, so dass infizierte Tiere von IBD-freien Boas getrennt werden können.

Da das Virus das Immunsystem von Boas schwächt, hat es sich in Terrarianer-Kreisen eingebürgert, von „Boa-AIDS" zu sprechen. Zudem sind neuronale Rückbildungen im Rückenmark und Gehirn sowie Nervenschäden für IBD typisch (s. BINDER & LAMP in Vorb.). Zusätzlich kann das Virus in Pankreas, Leber, Milz und Nieren nachgewiesen werden. Bei Boas vergeht oft eine sehr lange Zeit (manchmal viele Jahre) zwischen der Infektion und dem Auftreten der Symptome; in dieser Zeit sind *Boa constrictor* Überträger des Virus. Pythons und schon im Mutterleib infizierte *Boa constrictor* sterben schon nach wenigen Tagen an den Folgen der Erkrankung.

Die Übertragungswege sind noch nicht vollends erforscht, als sicher gilt lediglich, dass das Virus nicht per Tröpfcheninfektion verbreitet wird. Daher ist eine Übertragung durch den direkten Kontakt mit Körperflüssigkeiten (Blut, Sperma, ...) infizierter Tiere sehr wahrscheinlich. Somit besteht möglicherweise eine große Übertragungsgefahr durch die Blut saugenden Schlangenmilben! Dies scheint nach derzeitigem Wissensstand die häufigste Art der Ansteckung zu sein (BINDER & LAMP in Vorb.). IBD kann somit – entgegen anderslautenden Gerüchten – alle Boas befallen, ob Männchen oder Weibchen, Jung- oder Alttier, unterartenreine Boa oder Mischling.

Die ersten Anzeichen einer ausgebrochenen IBD sind oftmals Futterverweigerung und Verfehlen der Futtertiere sowie weitere neuronale Störungen wie etwa des Gleichgewichtssinns. Im weiteren Krankheitsverlauf treten auch Erkrankungen der Atemwege und des Magen-Darm-Traktes auf, die aufgrund des geschwächten Immunsystems kaum therapierbar sind. Nun sollte der Halter darüber nachdenken, die Schlange zum Einschläfern zum Tierarzt bringen! Kurz vor dem Tod liegen die Tiere oft auf dem Rücken oder auf der Seite und sind unfähig, sich fortzubewegen. Es ist zu hoffen, dass die Forschung in Kürze bessere Diagnose- und Behandlungsmethoden finden wird, um den Tod von *Boa constrictor* durch IBD zu verhindern. Im Moment kann der Boa-Halter lediglich darauf achten, alle Ansteckungsgefahren, vor allem durch die Verhinderung von Milben-Befall, zu beseitigen (vgl. KLINGENBERG 1998).

Die Gefahr von IBD wird bei Boas immer wieder unterschätzt. Foto: S. Binder

Danksagung

Ich danke allen Terrarianern, die durch Informationen, eigene Erfahrungsberichte und Fotos zur Verwirklichung dieses Buches beitrugen. Besonders großer Dank gilt dabei den Bildautoren aus Deutschland, den USA und Peru, den Lektoren Heiko Werning und Kriton Kunz (Natur und Tier - Verlag) sowie Anja Ritter (IG Riesenschlangen) für die sorgfältige und kritische Durchsicht des Manuskriptes und viele hilfreiche Anmerkungen und Tipps. Außerdem bin ich Dietrich Rössel, Andreas Lamp, Marcus Seckfort und Ralf Steffen für die großartige Unterstützung bei der Beschaffung von Informationen und der Möglichkeit für längere Fotosessions zu Dank verpflichtet. Für die grafische Umsetzung des Manuskripts danke ich Angela Neuhäuser sowie dem ganzen Team des Natur und Tier - Verlag für die Möglichkeit, dieses Buch zu verwirklichen.

Adressen

Vereinigungen

Deutsche Gesellschaft für Herpetologie und Terrarienkunde (DGHT) e.V.
Geschäftsstelle, Postfach 1421, D-53351 Rheinbach
Tel.: 02225/703333, Fax: 02225/703338
Internet: www.dght.de, E-mail: gs@dght.de

Interessengemeinschaft Riesenschlangen (IGR) e.V.
Klaus Bonny, Kirburger Weg 81, D-50767 Köln
Anja Ritter, Bernburger Weg 4, D-65931 Frankfurt/Main

European Snake Society
c/o Jan-Cor Jabobs, W. A. Vultostraat 62, NL-3523 TX Utrecht, Niederlande

Ämter

Bundesamt für Naturschutz
Konstantinstr. 110, D-53179 Bonn
Telefon (0228) 8491-0, Fax (0228) 8491-200
Internet: www.bfn.de
Für Artenschutz-Fragen: www.wisia.de

Die Adresse der bei Ihnen für Artenschutzangelegenheiten zuständigen Behörde können Sie bei Ihrer Kreis- bzw. Stadtverwaltung oder dem Regierungspräsidium erfragen.

Kotanalysen, Sektionen etc.

Exomed, Am Tierpark 64, D-10319 Berlin;
Internet: www.exomed.de.

GEVO Diagnostik, Jacobstr. 65, D-70794 Filderstadt

Universität München, Institut für Zoologie, Fischereibiologie und Fischkrankheiten der tierärztlichen Fakultät, Kaulbachstr. 37, D-80539 München

Justus-Liebig-Universität Gießen, Institut für Geflügelkrankheiten, Frankfurter Str. 87, D-35392 Gießen

Kotproben können auch bei vielen Tierärzten abgegeben werden, die diese dann an ein nahe gelegenes Institut weitergeben.

Zeitschriften

REPTILIA
Natur und Tier - Verlag, An der Kleinmannbrücke 39/41, 48157 Münster, Tel. 0251 - 13 33 9-0, Fax 0251 - 13 33 933
E-Mail: verlag@ms-verlag.de, www.ms-verlag.de

DRACO
Natur und Tier - Verlag, An der Kleinmannbrücke 39/41, 48157 Münster, Tel. 0251 - 13 33 9-0, Fax 0251 - 13 33 933
E-Mail: verlag@ms-verlag.de, www.ms-verlag.de

Sauria
Terraricngcmeinschaft Berlin e.V., Planetenstr. 45, 12057 Berlin

herpetofauna
herpetofauna-Verlags GmbH, Postfach 1110, 71365 Weinstadt

„Anzeigen Journal"
Das „Anzeigen Journal" ist die Kleinanzeigen-Publikation der DGHT e. V. (Adresse s. o.).

Literatur

ANONYMUS (2000): Naturschutzrecht, – 8.Aufl. (Beck-Texte im dtv). - Deutscher Taschenbuchverlag, München, 380 S.

BARBOUR, T. (1906): Vertebrata from the Savanna of Panama: Reptilia, Amphibia. – Bull. Mus. Comp. Zool., 46(12): 226.

BENDER, C. (2001): Fotodokumentation von geschützten Reptilien. – Publikation der DGHT, Rheinbach, 26 S.

BINDER, S. & A. LAMP (in Vorb): Mehr über *Boa constrictor*. – Natur und Tier - Verlag, Münster, ca. 200 S.

BOSCH, H. (1994): *Boa constrictor*. – Natur und Tier - Verlag, Münster, 88 S.

BOSCH, H. (1999): Boas. REPTILIA, Münster 19: 18–23.

BOULENGER, G. A. (1893): Cat. Snakes Brit. Mus., 1: 116–120.

BUNDESMINISTERIUM FÜR ERNÄHRUNG, LANDWIRTSCHAFT UND FORSTEN (REFERAT TIERSCHUTZ) (1997): Gutachten über die Mindestanforderungen an die Haltung von Reptilien vom 10. Januar 1997. – Inhaltlich unveränderte Sonderausgabe der DGHT e.V., Rheinbach, 78 S.

CHIPPEAUX, J.-P. (1986): Les Serpents de la Guyane Francaise. – Editions de L´Orstom Faune Tropicale, 27: 1–165.

DIRKSEN, L. & M. AULIYA (2001): Zur Systematik und Biologie der Riesenschlangen (Boidae). – DRACO 5: 4–19.

FRIEDERICH, U. & W. VOLLAND (2002): Futtertierzucht - Lebendfutter für Vivarientiere. – 3., überarbeitete Auflage. Verlag Eugen Ulmer, Stuttgart, 187 S.

GABRISCH, K. & P. ZWART (2001): Krankheiten der Heimtiere. – 5. Aufl., Schlütersche Verlagsanstalt, Hannover, 1000 S.

HALLMEN, M. & J. CHLEBOWY (2001): Strumpfbandnattern. – Natur und Tier - Verlag, Münster, 192 S.

ISENBÜGEL, E. & W. FRANK (1985): Heimtierkrankheiten. – Verlag Eugen Ulmer, Stuttgart, 402 S.

JAN, X. (1863): Elenco Sistema Ofidi: 23.

KIRSCHNER, A. & H. SEUFER (1995): Der Königspython – Pflege und Zucht. – Kirschner & Seufer Verlag, Keltern-Weiler, 72 S.

KIVIT, R. & S. WISEMANN (2000): Grüner Baumpython und Grüne Hundskopfboa. –Kirschner & Seufer Verlag, Keltern-Weiler, 126 S.

KLINGENBERG, R. (1998): The Recognition and Treatment of Diseases and Disorders in Boa Constrictors. – in: The Boa Constrictor Manual. – Advanced Vivarium Systems, Santee/USA, 84 S.

KLUGE, A. (1991): Boine snake phylogeny and research cycles. – Misc. Publ. Mus. Zool. Univ. Michigan 178, 58 S.

LANCINI, A. R. & P. M. KORNACKER (1989): Die Schlangen von Venezuela. – Verlag Armitano Editores C. A., Caracas, 1–381.

LANGHAMMER, J.K. (1983): A new subspecies of *Boa constrictor*, *Boa constrictor melanogaster* from Equador (Serpentes: Boidae). – Tropical Fish Hobbyist 32: 70–79.

LAZELL, J. D. (1964): The Lesser Antillean representatives of Bothrops and Constrictor. –Bull. Mus. Comp. Zool. Harvard Univ., 132(3): 245–273.

MARCUS, L. C. (1983): Amphibien und Reptilien in Heim, Labor und Zoo. – Enke Verlag, Stuttgart, 184 S.

MEHRTENS, J. M. (1987): Living Snakes of the World. – Sterling Publishing Company, New York, 480 S.

MONTGOMERY, G. & A. RAND (1978): Movements, body temperature and hunting strategy of a *Boa constrictor*. – Copeia, 1978 (3): 532–533.

MONZEL, M. (1999): Eine Schlange mit vielen Gesichtern – Zur Variabilität und subspezifischen Differenzierung von *Boa constrictor*. REPTILA 19: 29–31.

MURRY, J. (2002): *Boa constrictor ortonii* COPE. – Homepage: www.boa-subspecies.com/subspecies/ortonii.htm (Stand: 15.03.2002).

PETERS, J. A. & B. OREJAS-MIRANDA (1986): Catalogue of the Neotropical *Squamata*. Part I: Snakes. Revised edition. With new material by P. E. Vanzolini. – U. S. Nat. Mus. Bull. 297: 37–38.

PHILIPPI, R. A. (1873): Über die Boa der westlichen Provinzen der Argentinischen Republik. – Zeitschr. Ges. Naturwiss. 41: 127–130.

PRICE, R. M. & P. RUSSO (1991): Revisionary comments on the genus *Boa* with the description of a new subspecies of *Boa constrictor* from Peru. – Snake 23 (1): 29–35.

RONNE, J. (1998): Breeding Colombian *Boa constrictor*. In: The *Boa Constrictor* Manual. - Advanced Vivarium Systems, Santee/USA, 84 S.

ROSS, R. A. & G. MARZEC (1994): Riesenschlangen – Zucht und Pflege. – bede-Verlag, Ruhmannsfelden, 250 S.

RÖSSEL, D. (2000): Rechtsfragen bei der Haltung von Reptilien. – in RAUH, J.: Grundlagen der Reptilienhaltung. – Natur und Tier - Verlag, Münster, 216 S.

STIMSON, A. F. (1969): Liste der rezenten Amphibien und Reptilien. *Boidae* – Das Tierreich, 89: I–XI, 1–49.

STÖCKL, E. & H. (1996): Abgottschlangen – *Boa constrictor*. - bede-Verlag, Ruhmannsfelden, 84 S.

STULL, O. G. (1935): A check list of the family Boidae. – Proc. Boston Soc. Nat. Hist., 40(8): 387–408.

TRUTNAU, L. (1988): Schlangen im Terrarium, Bd. 1. – 3. Aufl., Verlag Eugen Ulmer, Stuttgart, 256 S.

DE VOSJOLI, P. (1998): The *Boa Constrictor* Manual. – Advanced Vivarium Systems, Santee/USA, 84 S.

WERNING, H. (1999): Boa-Albinos. – REPTILA, Münster, 19: 33.

WERNING, H. (2001): Neu auf dem Markt: Frostfutter für Terrarientiere. – REPTILIA, Münster, 32: 13.

ZWEIFEL, R. G. (1960): Results of the Puritan-American Museum of Natural History Expeditions to Western Mexico.9. Herpetology of Tres Marias Islands. – Bull. Amer. Mus. Nat. Hist., 119(2): 77–128.